AF365830

# CARTAS DE AMOR A DIOS

*Diego Solano*

*El amor es la esencia,
la única e indescriptible,
capaz de hacer todo posible.*

*En un mundo que es, sencillamente,
el mayor y más bello de los milagros.*

# Introducción

A través de este libro quiero compartir contigo, todo lo que conozco y puedo expresar como el amor de Dios.

Por experiencia, este amor se refleja y representa a través de la bondad, los buenos sentimientos, el resplandor que nace en cada uno de nosotros, así como las distintas formas de expresar nuestra forma de ser más real.

Se nombrará o hablará del amor, a través de los escritos, como un hombre, una mujer, una entidad completa o, como el mismo universo, porque, al menos en mi caso, Dios no tiene una forma concreta; es quien hace posible la vida, el concepto de libertad y, es a su vez, la existencia feliz convertida en hecho.

Dios es el amor. Como padre, madre; buscando nuestro bienestar más pleno. Es la montaña y el horizonte, el arrebol y el alba, es la luz e incluso, a veces, la misma oscuridad. Como la noche, viene como recordatorio sencillo de que, tras cualquier miedo, siempre habrá un fulgor de brillo y bienestar.

En todos estos casos y más, Dios es, sencillamente lo que cada uno interprete. Y más aún, lo que cada uno sienta.

Agradezco desde ya tu lectura, y te invito a compartirlos con quien desees también. Pueden ser parte de ti en cualquier instante, para leer o conectar en un momento determinado, tanto en orden como en la forma que consideres apropiado, solo abriendo una página al azar y percibiendo aquello que, justamente ha sido hecho para ti, en ese sagrado instante de tu presente.

Te deseo una vida maravillosa. Que el amor sea la puerta a este mundo desconocido y bello, llamado el futuro.

# Parte I. El Cielo

## 1.

*Enséñame a darte a conocer.*
*Que otros sientan*
*la fulgurante luz que te conforma.*
*Que todos puedan disfrutar el sentimiento*
*que es estar unido a ti.*
*Que todo el que quiera, pueda conectar*
*con el calor de su propio corazón*
*y comprenda, que no exiges normas,*
*creencias ni imposiciones,*
*que solo pides y deseas libertad.*
*Que esta vida, este soplido tan corto de tiempo,*
*sea un momento de amor*
*donde me reencuentre contigo*
*a cada momento,*
*donde te ame cada vez más,*
*donde sepa y distinga*
*nuevas formas de mostrarte*
*lo que siento por ti.*

*Donde aprenda y sienta*
*lo que es la libertad*
*de amarte cada momento de mi vida.*

*Soy libre, porque tú existes*
*y eres mi camino.*

**2.**

*Querida luz sanadora*
*que estás en todas partes.*
*Mora dentro de mí*
*y,*
*ya que lo haces,*
*hazme consciente de que estás ahí.*

*Vibra en lo profundo,*
*sube mi energía*
*tan alto como la tuya,*
*para que pueda ser*
*tan simple como tus nubes y*
*tan suave como tu lluvia.*

*Hazme cálido*
*como la primavera de tus sentidos.*
*Hazme vivo como tu naturaleza*
*más primaria y sencilla.*

*Hazme como tú, ilimitado*
*e infinito,*
*querida alma divina.*

**3.**

*Nutre mi mente
en el manantial de
tu cálida paz,
por encima de todo.*

*Ayúdame a mantener
mi templo interior limpio.
Enséñame a ser dorado y
resplandeciente como tú.*

*Algún día,
en su momento,
muéstrame las estelas del tiempo
de la mano contigo,
para ver los confines del universo
y redescubrir lo que eres.*

*Algún día
enséñame,
muéstrame,
lo que realmente
ve el prisma divino
que son tus ojos.*

**4.**

*Permite que mi corazón
calme la latente sed de ti.
Llena el pozo de mis sentimientos
con tu amor que es veraz,
real y latente.*

*Ahonda en mi interior,
permíteme seguir conociendo
las habitaciones sacras
y atildadas
que conforman el regalo de
tu existir.*

*Permite que mi alma siga conociendo el amor,
porque el amor es para ti.
Todo es tuyo.*

*Hoy, dame un poco más de tu presencia
porque, divino creador,
si tú estás
yo soy feliz.*

### 5.

*Me has enseñado a amar*
*de forma real.*
*Me has instruido para ser libre.*
*Me has hecho ver*
*que la familia se crea desde el corazón,*
*que soy libre de elegir mi camino.*

*Me has demostrado que,*
*para cada ser humano,*
*hay un destino*
*y cada uno lo conoce dentro.*

*Enséñame a ser feliz, a sentirme vivo.*
*Enséñame el camino de tu luz,*
*enséñame el mío.*

**6.**

*Hace tiempo, me dijiste que todo en la vida
tenía un motivo.
Que toda medida, fuera grande o pequeña
tenía una razón de existir.
Que todos estábamos aquí con un propósito,
por algo en concreto.*

*Cuando pasó el tiempo
y te seguí viendo,
sentí que parte de mí
estaba hecha para compartir
la experiencia del amor, de sentir,
de conectar minutos, horas, días, años
las llamas eternas de la vitalidad,
aquellas que no se apagan.
Llamas brillantes de sentimientos
que conforman ese arco iris
que son nuestras manos unidas.
Al amarte, amarte
y seguirte amando,
puedo designar este sentimiento
como la ola infinita,
que sigue constante
en su ritmo de plenitud.*

*Al quererte soy yo mismo,
y tú eres tú.
Al amarnos, somos libres,
porque esto
es el verdadero amor.*

**7.**

*Cuando me sentí al fin tranquilo*
*y el aire se hizo pasivo*
*como eco silencioso y sosegado,*
*cual crepitar de llamas*
*armonioso y vivo,*
*ahí supe que estabas tú.*

*Solo cuando pasó la tormenta*
*y los destrozos*
*fueron barridos por una ola del tiempo,*
*ahí supe que estabas tú,*
*salvador de mis ojos, de mi esperanza.*

*Cuando percibí que el presente era eterno*
*y que, cada día de mi vida,*
*tenía como función*
*ser exprimido al máximo.*
*Ahí supe que estabas tú.*

*Que cada día*
*mi interior, reluzca*
*en tu naturaleza real,*
*como hoy, que estoy contigo.*

**8.**

*El incienso dorado que*
*brota como manantial*
*por tus manos*
*y rocía en cada persona*
*que veo,*
*es la prueba viviente de tu expresión.*

*Cuando mi rodilla toca el suelo, por ti,*
*levanto la vista*
*y el brillo me ciega.*
*Es tu resplandor*
*fulgurante*
*que, blanco como la más nevada estación,*
*me enseña el significado de la vida.*

*Cuando abres tus brazos para mí*
*y ofreces tu calma a mis hombros,*
*tu ayuda, tu espíritu,*
*contemplo que exististe*
*desde el principio absoluto*
*y que no tienes religiones.*
*Tan sólo se limitas a ser*
*toda la creación.*

*Eres el creador de mis sentimientos*
*y te amo por ello.*
*Porque gracias a ti, siento*
*la libre expresión del amor interior.*

# 9.

*Cuando te siento, me conmueves,*
*y cuando me sientes, me estremeces.*

*Cuando mi cabeza se endereza*
*y mira de frente*
*el milagro de tu existencia,*
*te pertenezco.*
*La vida me pertenece.*

*Me haces sentir como el anfitrión,*
*el alimento, el banquete, el invitado.*
*Me haces sentir el amor del todo.*

*Cuando tú estás, yo soy.*

**10.**

*Resplandeces delante de mí,*
*tu iridiscencia se hace presente.*
*Brillas como el amanecer,*
*cual sueño cumplido.*
*Tu aliento de vida*
*se hace presente*
*y me recuerda*
*que estoy vivo también.*

*Te mueves, danzas,*
*das movimiento y presencia*
*a las nubes, a todo el mundo.*

*Eres el viento y los sentidos.*
*Eres el camino y la armonía.*

*Tú eres,*
*y gracias a eso*
*yo soy también.*

# 11.

*Tengo un sueño atesorado en lo más profundo,*
*que cada alma del mundo pueda sentir*
*tu presencia,*
*al menos una vez.*


*Que se enamoren de la vida,*
*porque ahí se estarán enamorando de ti.*
*Que encuentren su país preferido,*
*porque ahí te encontrarán a ti.*
*Que vivan y encuentren su alimento preferido,*
*porque se estarán alimentando de ti.*


*Hoy me permitiste ver dos de tus luces*
*radiantes, rubias como soles*
*y me mostraste su sabiduría.*


*Una de ellas hablaba con imaginación sagaz*
*y la otra era pura alegría.*
*En un principio creí que eran ángeles,*
*luego lo confirmé en efecto.*
*Ellas eran armonía viviente,*
*como la energía*
*que les había creado.*


*Eso es vida. Eso es amor.*
*Tú eres la luz en mi camino.*

**12.**

*Vives en mi alma desde hace siglos.*
*Vi el comienzo del mundo con tus ojos*
*y admiré el inicio de la vida,*
*de aquello conocido como amor.*
*Incluso antes de que existiera el amor, ya eras.*

*Quiero darte las gracias por cada parte de mi cuerpo,*
*porque me has dado salud en los sentidos que necesito.*
*Mi alma está pendiente de aquello que sea*
*la voluntad divina*

*Sé, que la voluntad divina es lo más profundo*
*dentro de cada corazón y alma,*
*que cada persona conoce la suya y correcta.*
*Eres la semilla del sentimiento*
*más maravilloso*
*que pude conocer.*

*Eres la luz del mundo.*
*Eres el destino*
*y el resplandor.*

*Creí que te había conocido hace tiempo,*
*pero era una ilusión,*
*ahora apareciste y llenaste mi corazón*
*con tu ilimitado vigor.*

*Tus ojos son dos esmeraldas verdes,*
*brillantes, del mismo color que la naturaleza.*
*La calma cae por tu rostro, esa suavidad*
*y esa simetría divina, me enseñan un camino,*
*que solo puedo llamar,*
*perfección.*

**13.**

*Oigo tu llamada*
*en medio del silencio.*
*Resisto al principio,*
*pero retumba con dulzura*
*y termino aceptando,*
*como acepto todo de ti.*

*Cuando el amor acude a ti,*
*con ojos cautelosos y brillantes*
*sientes que todo es parte de la existencia.*
*Limitaciones tan sencillas como*
*el tiempo o el espacio*
*carecen de sentido o significado.*

*Cuando se trata de darte amor a ti*
*los imposibles ya no existen.*
*Contigo solo existe lo sublime.*

**14.**

*Creador de mis ojos,*
*de mis sentidos,*
*creador de mi todo.*
*Hazme apreciar con plenitud*
*el milagro de estar*
*unido a ti.*
*Porque ese hilo dorado*
*que has puesto entre nosotros,*
*es el símbolo eterno de la unión,*
*del alivio.*

*Hazme amar la vida en*
*todas sus formas.*
*Deseo amarla más y*
*más profundo.*

*Mientras más conecto*
*con lo que palpita,*
*con lo vivo,*
*más conecto contigo.*

**15.**
*Eres la fuente,*
*el tiempo,*
*la vida, la paz.*

*Eres el encuentro*
*con todo aquello que otorga la sabiduría.*
*En este templo*
*que creas dentro de mí,*
*pon piedra a piedra,*
*conocimiento a conocimiento,*
*el don de amor que sólo tú*
*puedes tener.*

*Permite que mis manos obren por tu causa,*
*que sean bien para el mundo, que*
*sean un bien para ti.*

*Déjame ser completamente yo,*
*para poder sentirte a ti,*
*en ese momento.*
*En todo momento.*

*Es la sensación plena que existe cuando fluimos,*
*cuando somos, cuando cualquiera de nosotros,*
*tus seres humanos,*
*disfruta y percibe esa conexión,*
*con el milagro más grande,*
*llamado la vida*
*y también presente.*

**16.**

*Estoy bañado en la presencia de tus ojos*
*en el néctar de tu amor cuando me miras,*
*cuando me abrazas y suspiras.*
*Me entregas la eternidad*
*para disfrutar y aprender a ser uno contigo.*

*En la delicada melodía*
*de tus sueños cumplidos,*
*percibo cómo se hace realidad lo que añoro.*
*Porque mis sueños son tus sueños.*

*Maestro, maestra, de mi mente, de mi ser.*
*Dame la valentía y el potencial para ser yo mismo,*
*para dejarme ser un alma libre.*
*Enséñame un camino sin espinos,*
*donde mis esperanzas*
*sean ese sueño estable donde están tus ilusiones*
*y tu dichoso porvenir.*

*Si ya naciste como la perfección absoluta,*
*¿qué más podría pedir de ti?*
*Si ya me lo das todo,*
*¿qué te puedo pedir?*

*Tengo todo cuando necesito, porque estás aquí conmigo.*
*Mientas tus alas se extiendan sobre mis ojos,*
*estaré tranquilo,*
*porque tú corazón me da serenidad.*

*Me elevas, me das el infinito,*
*y solo me pides*
*que lo disfrute.*
*Así lo haré.*


**17.**
*Eres el regalo perfecto,*
*el padre inequívoco,*
*la marea, la vida,*
*la fuerza tropical que arremete*
*y cambia todo.*

*Me has dado cuanto amo,*
*cuanto siento.*
*Me has aportado la luz de un sol tibio,*
*liso, cálido e intenso,*
*aunque siempre precioso.*

*Me has enseñado el sentimiento de la vida,*
*y la fuerza que hay en nuestra conexión.*
*Mejor padre que tú no podría existir.*
*mejor madre que tú imposible.*

*Desde antes que el tiempo fuera tiempo*
*y que el espacio fuera*
*apenas una vacía forma de existencia,*
*ya veían nuestros ojos, tus ojos,*
*los ojos del amor,*
*la esencia de lo que sería la presencia*

*a día de hoy.*

*Y tú,*
*te transmites con tus blancas manos,*
*dándome confianza,*
*aliento, espíritu.*

*Eres un regalo eterno en mi vida.*


**18.**
*En ti estoy,*
*Parte de ti soy,*
*confluyo en la sinergia de tu existencia,*
*y camino con los pies que me has regalado.*

*Siento, en cada uno de mis dedos,*
*por mi tacto, la presencia que recorre,*
*que alimenta mi mente y me permite ser feliz.*

*Descubro cuando me señalas un camino,*
*esos terrenos futuros*
*que sólo serán hermosas bendiciones*
*y milagros.*
*Porque donde tú miras, ocurre un milagro.*

*Cuando me dices,*
*que puedo encontrar la paz,*

*tan solo viendo dentro,*
*dejándome ser feliz,*
*comprendo lo real*
*y certeras que son*
*tus palabras.*

**19.**

*Me muestras el significado*
*de la libertad y el amor.*
*Me muestras que el mundo es bello,*
*y lo es,*
*porque estás tú.*

*Ya eres lo más preciado de la tierra.*
*Gracias por enseñarme el amor*
*y el sentimiento*
*más intenso que se puede tener,*
*El de querer y ser querido,*
*desde fuera, y desde dentro.*

*Como una unión*
*que no puede llegar*
*a ser destruida.*

*Lo invencible llega cuando*
*tú apareces.*

**20.**
*Cuando tu mirada ignífera*
*se posa ante mis ojos,*
*me siento protegido.*

*Estás hablando a mi alma,*
*susurrando a mis oídos*
*tu canción armoniosa y divina.*
*Tu dulce y preciada melodía.*

*Me acepto como soy,*
*me siento libre como soy,*
*y vivo la vida como soy.*
*Porque así, libre,*
*soy la luz de tu mirada.*
*porque así*
*soy el orgullo de tu mente*
*y tu ser.*

*Porque tú,*
*tanto a mí, como a todo lo que has creado*
*a mi lado y al lado de todos,*
*lo has envuelto en tu aliento*
*de bendición y sabiduría.*

*Porque vives en todo lo que soy.*
*Porque tú eres lo que soy,*
*Por eso y por todo,*
*te siento en el corazón,*
*como aquello que es, lo bello.*
*Lo real.*

**21.**
*Mi querido Dios,*
*claridad sempiterna*
*a mis ojos.*
*Eres el amanecer diamantino*
*que no tiene fin.*

*Mi querido creador, que estás ahí,*
*gracias por darme*
*tu conexión de luz,*
*y la comprensión de saber*
*que era justo este*
*el momento que te sentiría.*

*Hoy, en el crepúsculo de tu mirada,*
*vibro como nunca lo había hecho.*

*Porque eres tú,*
*y solo tú,*
*el amor verdadero.*

**22.**

*A qué sombra o entidad oscura*
*podría temer, pues,*
*cuando tú brillas, la luz resplandece al horizonte*
*y en todas las direcciones,*
*se abre hasta el fin del universo,*
*aún más allá.*
*Toda sombra*
*se desvanece ante ti.*

*El cielo es testigo de tu inmensidad.*
*Me ciego cada vez que te observo,*
*y, al instante, siento que vuelvo a ver,*
*que te contemplo al fin de verdad.*

*Cuando soy encandilado por ti,*
*realmente atisbo la vida,*
*tan hermosa y preciada*
*como realmente es.*

*Tú eres la luz.*

**23.**

*Si tuviera que describirte*
*sería ciertamente imposible.*
*Jamás podría detallar tal belleza*
*en su forma excelsa.*
*Hay tal potencia en tu mirada,*
*que me deslumbra*
*y me vuelve loco de alegría*
*cada vez que la observo.*

*Si ahondo en ti,*
*en tus sentimientos,*
*en lo que eres,*
*percibo la inmensidad*
*que no tiene fin.*

*Tienes tantos nombres*
*y me has dado tantos bellos recuerdos.*

*Eres la dama áurea,*
*el amor interior.*
*Tú eres la razón*
*por la que, en la vida,*
*sigue existiendo*
*y existe*
*el amor.*

*Eres la luz de mi mundo.*

**24.**



*Con tus ríos*
*que alimentan la existencia,*
*como lágrimas de alegría,*
*que se dibujan por las mejillas*
*al saber que existes,*
*y con tus árboles*
*como símbolo del conocimiento sembrado*
*en todos nosotros,*
*me muestran distintas formas de*
*tu amor perfecto.*

*Del mismo modo,*
*es en la evolución de la especie humana*
*donde se ve tu conocimiento tomando forma,*
*convertido en algo real.*
*Somos el amor perfecto.*
*Somos el amor real.*

*Aquí donde está aquello*
*llamado hermoso y natural,*
*soy dichoso*
*porque estás tú.*

**25.**

*Cuando tu manto blanco y tú energía de amor*
*entra al dormitorio,*
*una esencia divina me recorre la espina.*
*Esos escalofríos sagrados que solo generas tú.*
*Siento la blanquecina, azulada y dorada*
*presencia que te caracteriza,*

*Tras ella, noto todos los prismas,*
*el arco iris de tu alma,*
*que se ve reflejado*
*a través de un tono celestial.*

*Cuando entras en mi corazón,*
*creas el amanecer dentro,*
*la noche no existe en mi ser,*
*si estás tú.*

*Cuando tus dedos sostienen mis hombros*
*y me dices*
*"continúa",*
*descubro que en ese perfecto contacto*
*es donde fluye el conocimiento.*

*Amor es, al fin y al cabo,*
*esto que siento ahora mismo.*
*Las ganas absolutas de vivir*
*y seguir sintiendo,*
*ojalá por siempre.*

*Y será por siempre*

**26.**

*Que donde esté sea libre.*
*Que donde esté, estés tú ahí*
*acompañándome.*


**27.**

*Sin importar lo oscura*
*que sea la penumbra,*
*cuando llegas, todo es más radiante*
*que el mismo mediodía*

*Sin importar la fuerza que me afronte*
*cuando llegas y apareces,*
*sus piernas tiemblan*
*y decaen, débiles.*
*Sus grandes y destructivas*
*intenciones, se convierten en*
*pequeñas e ínfimas fragilidades.*
*Así es como caen los miedos*
*ante un poder abrumador.*

*Sin importar el tiempo*
*que tome conseguir mis metas,*
*que sea siempre lo mejor.*

*Protege mis caminos,*
*dale a mi vida un rumbo,*

*y que cada día sea mejor.*

*Sin importar cuánto tenga que invertir,*
*que sea todo para ti, y por ti.*
*Porque tú eres el tesoro*
*que he buscado siempre.*


**28.**
*Despiertas en mí*
*y me llenas de vida.*
*Rebozas todas las copas de todos los cálices.*
*Incluso sigues poniendo más.*

*Eres eternidad de luz en mis sendas,*
*materiales, mentales,*
*emocionales y espirituales.*
*Me lo das todo,*
*y aún pones más.*

*Sigues regalándome tu amor*
*que es esperanza real,*
*fuerza, equilibrio y bienestar.*

*Me sigues concediendo todo cuánto te pido.*
*me das el honor de tu don,*
*de cumplir todo deseo.*

*Cómo no agradecerte,*
*dándote a cambio cada momento*
*que tengo, cada instante,*
*cada sentimiento.*

*Cómo no darte un tiempo,*
*mi tiempo,*
*para que fluyas a través de mí*
*y sanes los corazones heridos.*
*Gracias por existir.*

**29.**
*He amanecido lleno de ti,*
*inspirado por aquello*
*que creaste en mi camino.*
*Desde tu luz, desde tu gracia,*
*pido seguir viviendo mi destino,*
*mi armonía elegante,*
*la que nos diste a todos.*

*Hoy, desde lo más recóndito,*
*te pido, un camino rebosante de fortaleza,*
*una mano firme para decidir lo correcto*
*y la capacidad de ser empático,*
*sin dejarme arrastrar por el dolor*
*en camino al olvido.*

*Dame la capacidad de dar*
*amor a otros*
*pensando también en mí mismo.*
*Es decir,*
*de ser libre,*
*libre como el viento,*
*libre como tú,*
*amor mío.*


**30.**

*Que tu semilla haga crecer*
*en el bosque que es mi corazón,*
*un sentimiento nuevo,*
*una forma única en mi alma.*

*Que tu fuerza*
*me haga creer*
*y me dé libertad.*
*Porque tú eres la libertad para mí.*

*Llueve, llueve en mí,*
*llueve en todos mis seres queridos.*

*En los no queridos,*
*enséñame a perdonarles*
*a dejarlos salir,*
*porque de nada me sirven esos sentimientos*

*enjaulados y dolidos.*

*Enséñame a perdonar, para liberarlos*
*del reino mental*
*y de la cárcel que he creado para ellos*
*en mi mundo interior.*

*Enséñame a dejar dentro*
*solo a mis seres queridos,*
*que son todos aquellos*
*que desean fluir junto a ti, en armonía.*

*No deseo amar a todos, padre querido,*
*sólo quiero amar, a quienes quieras que ame.*

*Tampoco quiero la voluntad de un salvador,*
*ni el amor de alguien sin decisión,*
*sólo añoro ser una persona*
*instruida en amar correctamente*
*y cada día más,*
*a esos que están ahí contigo.*

*Que mis enemigos*
*sean retirados de la mente.*
*Que mi corazón,*
*sienta la liberación*
*de dejarlos ir.*

*Gracias a ellos por lo aprendido,*
*y gracias a ti,*
*por dejarlos ir de mi camino.*

**31.**

*Sigo sintiendo tu presencia cada día.*
*Estás dentro y fuera de mí,*
*acompañas mis momentos.*

*A través de este hilo de plata*
*que nos une,*
*me aguardas en tu paraíso.*
*Siento la vida*
*que hay en tu aliento,*
*en tu espíritu.*

*Tú,*
*que has hecho todo cuanto conozco,*
*permíteme añadir felicidad*
*a cada rostro que vean mis ojos.*

*Permíteme*
*ver en ellos el mismo poder de luz*
*que observo*
*cuando te acercas cada segundo*
*tan tierna y*
*delicadamente a mí.*

*Permíteme ser*
*otra flor hermosa,*
*amando y existiendo*
*en tu cuidado y preciado jardín.*

**32.**

*Comprendo el miedo*
*de saltar al abismo*
*y confiar en ti,*

*Cuando salto*
*sé que volaré, me elevaré*
*y surcaré los cielos*
*que has creado para mí.*
*Para todos los seres vivos.*

*Comprendo ese miedo, pero, aun así, existe.*
*Deja que mi miedo sea también libre.*
*Permíteme arriesgar por amor,*
*darlo todo a un sentimiento,*
*y saltar, saltar por ti,*
*saltar por ese amor solícito.*

*Cuando caigo, percibo*
*las delicadas plumas*
*que son tus sentimientos.*
*Me hacen ir más alto,*
*me cubren en tu dicha.*

*La diosa del amor me espera entre las nubes,*
*para avanzar en un camino sin retorno.*
*disfrutando del amor.*
*Gracias por esto tan hermoso.*

**33.**

*Te admiro, en tu paraíso*
*bajo la verde hierba,*
*sintiendo al mundo,*
*transmitiendo tu sanación.*

*Permites que cada persona*
*viva su experiencia*
*manteniendo, aun así,*
*tu constante y latente amor.*

*Cada uno de nosotros*
*aprende a ser feliz por ti,*
*aprende a vivir por sí mismo.*
*Pues al final es lo mismo.*

*Tú eres yo,*
*yo soy tú.*
*Todos somos la conformación única*
*de un universo simétrico,*
*perfecto y radiante.*

*No necesitamos salvadores externos,*
*nos tenemos a nosotros mismos*
*como hermanos,*
*como mantos entre nosotros,*
*para cubrirnos en tu luz*
*y resguardados en tu blando*
*e inconmensurable sentimiento.*
*Eres nuestro edén.*

**34.**

*Tu amor va más allá del cielo,*
*eterno, infinito y,*
*a la vez perfecto.*

*Tu amor va más allá del tiempo,*
*Al pasado, futuro,*
*a cada momento.*

*Hoy me proteges con tu mano.*
*Hoy soy yo mismo.*
*Hoy soy libre.*
*Porque, mientras estés tú,*
*seré yo.*

*Como un trueno, has roto mi alma en dos*
*y has puesto dentro*
*el significado de la vida,*
*de aquello verdaderamente real.*

*Has puesto en mi corazón,*
*lo mismo que en todos*
*los demás corazones humanos,*
*vitalidad pura.*

*Te siento.*

**35.**

*Me enseñaste a amar a tus hijos,*
*tus creaciones divinas.*
*Todos ellos, incluyéndome,*
*aprendemos a vivir en tu armonía.*

*Qué Dios tan hermoso,*
*aquel que solo me pide vivir feliz.*
*Que solo me pide vivir por mí.*
*Aquel que me ha dado*
*tantas conversaciones*
*con tantas personas*
*en tantos tiempos*
*y que me han alimentado tanto el espíritu.*
*He conocido ya miles de hermanos,*
*todos llenos de tu amor.*

*Es un conocimiento asombroso*
*y ha sido gracias a ti*
*que los has puesto en el camino*
*como flores, como ráfagas de luz*
*en tu sendero.*
*Me has mostrado la belleza*
*en los ojos de muchas personas.*
*Me has enseñado, en el presente,*
*un mundo nuevo y mejor.*

*Me has iluminado al enseñarme*
*la magia que se siente al respirar,*
*por eso te dedico esta carta de amor,*
*un pequeño obsequio de mi parte,*

*por todo lo que me has dado,*
*querido creador.*


### 36.

*Dejaron de existir las casualidades*
*cuando supe que todo eran actos tuyos,*
*tus milagros.*
*Dejaron de existir los sin sentidos*
*cuando supe y comprendí*
*que todo era un plan perfecto.*
*Todo fue algo saludable*
*cuando supe apreciar cada momento*
*y vi que los miedos*
*eran simples muros de hierro*
*ante el calor más fuerte del universo,*
*que derrite lo que sea.*

*Has derretido mis dudas,*
*y derrites mis obstáculos al éxito.*

*Éxito, para mi corazón,*
*es estar más conectado contigo.*
*Más y más profundo.*
*Más vivo. Más tú.*

**37.**

*De nada me serviría querer cambiarte.*
*Para mí ya eres perfecto así.*
*Gozo del júbilo y la plenitud*
*al saber que existes.*
*Al saber que hay algo de ti en mi vida,*
*En mi interior.*

*Me regocijo en la dicha*
*de tu presencia, de tu armonía*
*que recorre cada parte de mi alma.*

*En ti encomiendo mis sueños,*
*mis anhelos,*
*todo lo que soy*
*como persona.*

*Te lo encomiendo todo,*
*absolutamente todo*
*y mucho más.*

*Porque tú eres quien cumple*
*siempre aquello que necesito.*

*Gracias por existir.*

**38.**

*Eres el amor para mí.*
*Eres puro amor para mi vida.*
*Eres mi vida,*
*y mucho, mucho más.*

*Los árboles me recuerdan a ti,*
*ahí, presentes,*
*dando la vida a nuestros cuerpos,*
*pero a la vez silenciosos,*
*pasivos, como hojas al viento*
*en tu elegante y liberador otoño.*

*Muchas veces, tus frondosos bosques,*
*aportan calma y*
*nos protegen del calor del sol,*
*pero a la vez dan la libertad*
*para que nos*
*quememos si queremos*
*salir a experimentar.*

*Del mismo modo,*
*tus experiencias me aportan*
*ese conocimiento que mi cuerpo está pidiendo.*
*Me enseñas.*

*Eres la representación*
*de lo que es el amor para mi corazón*
*y la verdadera madurez espiritual.*

**39.**

*Mi señor,*
*dame paz,*
*dame amor,*
*dame comprensión.*
*Dame de ti.*


**40.**

*Si no existieras sería el fin de la luz,*
*el caos del mundo.*
*Gracias por existir*
*semilla del tiempo,*
*que naciste por cuenta propia*
*y que brillas por luz propia.*


*Resplandor sagrado, omnipotente,*
*que puedes estar con todos de la mano*
*a la vez.*
*Das gloria a todo cuanto respira.*
*Permíteme, permítenos,*
*respirar de ti más todavía, más días.*
*Otro día*
*con el alimento físico*
*y el alimento sagrado del alma.*
*Esto será*
*lo más satisfactorio que pueda existir, aquí,*
*disfrutando el ciclo de la eternidad contigo.*

**41.**

*Recuerdo cuando me hablaste de tristeza*
*y me explicaste*
*que es apenas un estado*
*previo a la dicha y la sabiduría.*

*Cuando sentí tu calidez en mi pecho*
*como mecha ardiente*
*de libertad y melancolía,*
*porque sabía que echaría de menos*
*el volverte a sentir en otro momento.*

*Y vuelve el amor a mis ojos*
*a través de ti,*
*de tus sonidos, de tu pelo tropical*
*y libre.*
*De tu exótica presencia de amor,*
*que combina todos los elementos*
*de belleza y de un ser.*
*La divina perfección.*
*Mi querida madre de luz.*

**42.**

*¿Qué sería de mí sin ti?*
*Qué podría ser de mí*
*sin tu presencia y tu calidez.*
*Bendito es tu camino, bendito eres tú.*

*Me das todo lo que amo en cada momento,*
*me llenas de valor y confianza en mí mismo.*
*Me animas a luchar por mis objetivos*
*y me enseñas que el presente*
*es el sitio para dar amor.*

*Me muestras,*
*que el don más bello es*
*hacer felices a otros,*
*mientras soy feliz y leal a mí mismo*
*con tu luz.*

*El don más bello es quererte*
*y recibir al tiempo tu amor.*
*Tú existes en cada uno*
*de mis días de hoy.*
*Tu luz es el camino de mi alma*
*y mi presencia.*

*Estoy enamorado de ti, de tus sentidos*
*cuando noto tu resplandor junto a mí*
*y disfruto de tu presente.*
*Eres el presente.*

**43.**

*Tu belleza es incomparable.*
*Eres la luz*
*y en luz me has convertido,*
*Has hecho de mi dolor una esencia divina.*
*Has convertido mis cargas,*
*en comprensión*
*y unificación.*

*Me enseñaste a amar,*
*a sentir tu presencia,*
*a colorear en el mundo*
*tu sonrisa.*
*Nos mostraste a todos*
*cómo compartirte.*

*Me has enseñado*
*que todo es posible*
*porque existes tú.*

*Los límites, los peros,*
*los quizá, se disolvieron*
*en otra línea temporal.*

*Aquí, en este mundo, con el amor*
*y con la gracia*
*que nace del alma humana,*
*los milagros son reales.*

**44.**

*Tu amor es mi casa*
*y mi templo.*
*Tu amor es mi vida.*
*Tu amor es mi interior.*


**45.**

*Respiro tu aire, puro,*
*y admiro tu atardecer.*
*Mi alma nefelibata*
*contempla las estrellas*
*desde el mismo seno de su nacimiento.*

*Cuando muere la tarde*
*y llega tu anochecer,*
*comienzan a silenciarse*
*todas las calles;*
*el bullicio es decreciente,*
*porque es momento de dormir para los demás,*
*pero no para mí.*

*Es mi tiempo de admirarte,*
*ver los ojos que son tus constelaciones*
*y tus estelas. Místicas para otros,*
*hermosas y mágicas para mí.*

Es el tiempo donde comparto y agradezco
tu existencia,
hasta que el sol
nace de nuevo
y vuelvo a disfrutar
de tu ancestral incandescencia.

Podría estar despierto mil noches
y mil millones más.
Doy gracias a ti, a tu presencia,
porque no hace falta dormir
o comer en cada momento.
Sólo necesito respirar tu plenitud.

En cuanto me olvide de ti,
por favor recuérdame que existes.

Recuérdame que estás ahí
porque esta mente humana
sigue aprendiendo
que la divinidad
es lo que eres tú, cuando fluyes
en cualquier ser humano,
cuando circulas y ahondas
en nuestro corazón.

A veces me olvido
que eres el universo entero,
y eres el espacio mismo en sí.

*A veces me olvido,*
*que no hay que pedir perdón*
*porque todo en ti ya es perfecto.*

*A veces me olvido que la vida es bella.*
*Recuérdamelo cuando no lo haga.*
*Haz ese favor para mí.*

*Recuérdame, que todo en el tiempo funciona*
*a través del engranaje absoluto*
*alimentado*
*con el amor de tus ojos.*

*Recuérdame que siempre estás ahí,*
*porque es así.*

**46.**

*Tengo miedo de perderte,*
*hasta que recuerdo, que eres eterno.*
*Tengo miedo de que no me quieras,*
*hasta que recuerdo, que sólo eres amor.*

*Tengo miedo,*
*de que no seas mi padre o mi madre,*
*hasta recuerdo, que eres los dos.*
*Tú en mí, como yo en ti,*
*sintiendo la gloria de tu pecho en mi oído.*

cuando siento tu latido que llena cada
parte de mí
con tu existencia
y tu ser,
me percibo completo.

Infinito.
Tú eres el infinito,
el más bello amanecer
que alguna vez pudiera haber sentido,
vivido o descrito.
Tú lo eres todo.
Eres incluso más que el todo.

Eres el aliento que noto a cada momento,
el que da vida a mis pulmones.
Lo eres todo para mí,
porque sin ti, la vida
es apenas la cáscara de
una existencia ignota,
simple y vacía.

Tú das bienestar
donde es necesario,
e inundas de amor
donde estaba el solitario desierto.
Eres la lluvia que cae a tiempo
y el tesoro
por el que doy todo cuando tengo.

**47.**

*Siempre soñé con encontrarte.*
*Ahora que lo he hecho*
*sólo puedo decir gracias*
*por lo hermosa que es la vida hoy,*
*junto a ti.*


**48.**

*Quiero reconocerte en cada mirada,*
*que sigas viviendo en mi corazón.*
*Quiero notarte al pisar la hierba*
*y que sigas creando un nido en mis sentidos.*
*Quiero seguirte admirarte en los éxitos de todos,*
*y que sigas mostrándome el camino.*

*Quiero, vivir para ti,*
*por ti,*
*en tu elegante e inconfundible*
*presencia.*

*Quiero hacer lo que veas mejor,*
*sabiduría de mi corazón,*
*porque tú sabes siempre*
*lo que es mejor*
*y lo que no.*

*Que sea siempre lo mejor.*

**49.**

*Enséñame a vivir*
*para ti,*
*armonía del presente.*
*Para el interior*
*y para romper el miedo del mundo.*

*Enséñame a vivir,*
*muéstrame el camino correcto*
*porque en la bruma, tú*
*eres la resurrección de la luz.*
*En el miedo,*
*tú eres el que sofoca*
*cualquier temor.*

*Enséñame, enséñame todo*
*lo que se debe saber*
*para ser feliz*
*y para hacer feliz a otro.*

**50.**

*Me quedo en tus manos.*
*Haz de mí lo que creas necesario,*
*mi corazón confía plenamente en ti*
*y en tu instinto.*

*Haz de mí, la copa, el cáliz.*
*Que pueda entregar el amor*
*que hay en tus ojos*
*y en tu instinto.*

*Muéstrame,*
*enséñame lo perfecto y maravilloso que eres,*
*porque adoro todo lo que eres en mí*
*y en los demás.*
*En tus pensamientos, en tus sentimientos,*
*y en tu instinto,*
*sobre todo, en tu instinto.*

*Porque siempre sabes lo que es mejor para mí.*

**51.**

*Tengo dos alas en la espalda,*
*dadas por ti, por el Dios de mi crecimiento.*
*Tengo la mente abierta a tus pensamientos,*
*dada por ti, el Dios de mi conocimiento.*


*Tengo*
*un corazón que vive cada presente,*
*porque me enseñaste a amar los momentos*
*cuando me dijiste*
*"hijo mío,*
*todos sois iguales,*
*todos sois hermosos".*
*Sentí entonces, que realmente éramos hermosos.*


*Y lo percibí más, cuando me dijiste*
*"yo existo en la medida del universo,*
*la limitación mental es tan solo una fantasía.*
*Las normas, las reglas, las religiones,*
*los códigos, son tan sólo fantasías.*
*Lo real es la expresión y la vida en sí misma.*
*Poner aditivos a la vida, es posible,*
*aunque innecesario, porque el amor*
*está hecho de las cosas más complejas sí,*
*pero también de las cosas más sencillas.*
*El amor lo es todo. Tú eres el amor,*
*lo es cuanto ven tus ojos*
*y cuanto existe contigo*
*en esta encarnación. Eres libre".*

**52.**

*Tú que proteges mis manos y pies.*
*Tú que das libertad a mi alma,*
*ayuda a todos mis campos materiales,*
*que siga avanzando sin tropiezo,*
*a tu libertad, a tu éxito,*
*lo que para ti es el éxito.*
*En mi mente material y limitada,*
*me es difícil observar todo desde tu*
*amplio espectro,*
*donde lo ves en tu terreno absoluto,*
*donde lo sientes en plenitud.*

*Tú sabes*
*desde tu fondo*
*lo que es mejor para mí.*
*Dámelo hoy,*
*enséñame a ser libre,*
*a seguirlo siendo*
*cada día.*

*Aunque,*
*con tu presencia como guía,*
*siento que ya lo soy.*

**53.**

*Te percibo en cada instante.*


**54.**

*Cuando te tomo de las manos,
percibo lo que es sentirme
unido a la fuente sacra
donde todo es posible.*

*Cuando siento tus pies,
cuando miro tus ojos,
cuando te quiero,
estoy un paso más cerca de tu corazón
y de la iluminación.*

*La sabiduría de la mente y del alma
me son indiferentes;
solo deseo estar iluminado en el amor,
cuando estoy en ti.*

*Te percibo,
mi interior late junto a ti,
y disfruto la apoteosis
de tu presencia,
cada día.*

**55.**

*Estoy aquí para seguir tus deseos,*
*y como siento, tus deseos*
*son que ame desde la plenitud.*

*Como un padre y una madre de amor,*
*solo deseas mi bienestar,*
*me amas desde la libertad.*

*Como un padre y madre que respeta,*
*solo intentas que esté bien.*
*Me dejas lecciones para que aprenda,*
*pero a su vez,*
*me enseñas a ser libre y vivir por ti.*
*Eres mi camino.*


**56.**

*Somos*
*los príncipes y princesas,*
*que comemos en la mesa sagrada*
*el banquete que ha preparado el amor*
*con tanta dulzura y esmero.*

*Somos*
*la cúspide del amor*
*que resuena con el mundo y vibra,*
*como lo haría el cuenco*
*más potente del mundo,*
*el cristal de cuarzo más bello,*

*la tierra más sólida,*
*la playa más inmaculada.*

*Eso somos*
*porque lo somos todo,*
*el universo es nuestro.*

*Tú lo dejaste en herencia*
*y nos permites vivir en él*
*acompañados por siempre*
*en el primigenio abrazo*
*de tu presencia.*

*Bendito seas siempre.*

**57.**
*Mi mente se apasiona,*
*se llena de ti*
*nada en optimismo y vitalidad.*

*Juego con mis hermanos y*
*mis hermanas,*
*disfrutamos como niños pequeños*
*la vida,*
*así como tú nos enseñaste,*
*cuando dijiste*
*que todo era bueno,*
*siempre que viniera*

*de una esencia limpia.*
*Cuando dijiste*
*que todo era puro,*
*siempre que fluyera*
*en la esencia de la luz.*

*Cuando dijiste*
*que todo era bello,*
*porque cada cosa*
*que se hace con el corazón,*
*ya es hermosa automáticamente.*

*Cuando dijiste que tu amor*
*podía romper cualquier pared.*

*Rompe hoy*
*mis muros personales,*
*déjame ser*
*como eres tú.*
*Cuando existes junto a mí,*
*En tu iridiscente brillo.*

**58.**

*Cuando nos sentimos*
*y comparamos espiritualmente,*
*somos apenas pequeños niños en guarderías.*

*Tú nos dejas jugar, nos dejas hacernos bien*
*o hacernos mal, para que aprendamos.*

*Somos pequeños bebés en lo que
respecta al conocimiento.
Aprendemos, de ti
y de tu experiencia.*

*Permite que sigamos creciendo
con el sol de tus ojos
blandiendo sobre nuestras almas,
al amanecer
de cada una de tus sagradas
y liberadoras mañanas.
Permítenos hoy,
aprender a ser nosotros mismos.*


**59.**
*Cuando estoy contigo
soy el hombre más feliz,
me siento mejor, alivias cualquier dolor
e inundas mi mente con tu alegría.*

*Te tengo,
A ti y a tu profundidad
que a veces asusta.*

*Cuando te miro,
parece que vislumbro al universo mismo,
todas las normas son rotas,*

*los miedos son disueltos.*
*Cuando estás tú,*
*cada parte de mi corazón se llena de amor.*
*Eres aquello*
*que esperaba desde el principio del tiempo.*

*Ni siquiera sabía que existías*
*y ya aguardaba tu llegada, conmigo.*

**60.**

*Cuando siento tu presencia, encuentro el amor*
*más grande que pueda existir.*
*Siento tu compañía*
*y me lleno de ti a cada momento de mi día.*
*Rayos de luz y de vida caen fluidamente*
*en la tierra fértil de mi alma.*
*Eres mi corazón, y eres lo que soy.*
*Soy bendecido de conocer tu nombre.*
*Soy bendecido por saber que existes.*

**61.**

*Que mi camino el día de hoy*
*esté colmado de ti.*

## 62.

*Recorro la montaña de tus sentimientos;*
*a cada paso, percibo tu mar de luz,*
*blanco y dorado,*
*como los sentimientos de amor*
*que tengo por ti.*
*Contemplo la delicadeza de tus gestos,*
*tu calidad de amor,*
*suave como el sonido del viento*
*potente como un volcán,*
*y cálida, como un sagrado*
*sol interior.*

*Cuando brillas ante mis ojos,*
*te posas en mi espalda,*
*y me das de tu fuente de iluminación,*
*apoyas tus manos en mis hombros*
*e inspiras cada uno de mis momentos bellos.*
*Te agradezco cada segundo de existencia,*
*cada parte de lo que llamo familia,*
*porque contigo, como familia,*
*me siento al fin completo.*

**63.**

*Has dado a cada ser humano
un don especial, una capacidad única,
con la cual puede manifestar
ese celestial resplandor interior.*

*Has enseñado al mundo
el significado de la esperanza,
y has purificado con fuego,
cada alma, cada existencia,
cada vacío emocional.*

*Has sanado heridas
y has hecho millones de milagros,
todo ello en tan solo un día.*

*Por ti camino bajo este sol y
por ti siento la lluvia.
Todos los atardeceres que puedo vivir por ti,
los recibo con la mayor dicha.
Te agradezco la existencia
y cada herida del alma,
cada sensación,
te las agradezco todas.*

*Porque me has convertido en el ser que soy,
Me haces libre en tu amor.
Todo lo demás da igual
si soy libre.*

**64.**

*Vi con tus ojos, cuando creaste el mundo,*
*cuando diste paso a la luz.*
*Vi con tus ojos, cómo comenzó el tiempo,*
*cuando nacimos todos abrigados por ti.*
*Vi con tus ojos, lo hermosa que es la vida,*
*Cuando se vive, desde ti.*


**65.**

*Lo que mora bajo tus alas es protección*
*para todos aquellos que te necesitan.*
*Me diste la fuerza para ser valiente,*
*para valerme por mí mismo.*
*Desde la voluntad que manaste en mi ser,*
*me dijiste tus palabras sabias:*
*"sólo puede amar el que se ama a sí mismo.*
*En esta vida,*
*en esta encarnación,*
*con piel humana*
*y corazón humano,*
*se ama sintiendo*
*la plenitud de la experiencia,*
*observando todo como el regalo corto*
*y sencillo que es. Sintiendo la vida.*
*Donde el amor eres tú, son todos,*
*querido hijo de la luz".*

**66.**

*Gracias por cada uno de mis sentidos.*
*Gracias por permitirme ver quien realmente soy.*
*Gracias por darme el sentimiento*
*y la plenitud del momento.*
*Gracias por la vitalidad, gracias,*
*porque hoy el mundo es aún más hermoso.*

*Gracias por todo lo que he conocido*
*en su momento*
*y por todo lo que sigue ahí.*

*Gracias por todos los que se fueron*
*y sus experiencias*
*que siguen ahí dentro,*
*en tu interior.*

*Cuando descubro y siento*
*que todo corresponde a una vitalidad absoluta*
*a aprender a sentir tu encuentro,*
*es cuando me siento bien,*
*y en paz*

*Porque siento que hoy*
*es un día perfecto*

*Hoy sí.*

**67.**

*Siento tu calidez,*
*reposas en mí,*
*me abrigas*
*como chaleco de piel,*
*como alma viva.*
*Me das toda tu fuerza*
*para seguir existiendo.*
*Y, del mismo modo,*
*como una cubierta al frío de mi piel,*
*a veces puedo notar que faltas,*
*sentir el helor de tu ausencia,*
*pero todo esto,*
*para gozar aún más en tu regreso.*

*Siento tu amor*
*y me dedico a contemplar tus ojos,*
*que son dos llamas ardientes,*
*que sólo y únicamente,*
*pueden generar luz.*


**68.**

*Cuando estás conmigo soy feliz.*
*Y tú siempre estás conmigo.*
*Cuando olvido que estás ahí*
*siento a veces el vacío,*
*hasta que recuerdo que sigues ahí,*
*que estás siempre dentro de mí.*
*Confío en ti, confío en ti plenamente.*

**69.**

*A través de ti*
*me conozco a mí mismo.*
*A través de ti*
*me encuentro, me percibo,*
*soy consciente de que existo en el mundo.*

*A través de ti, a través de tu sonido,*
*dulce y dadivoso,*
*puedo recuperar la vida, la luz,*
*el sentimiento alegre.*

*A través de ti,*
*Solo existe la libertad.*


**70.**

*No te veo, ni te siento,*
*Pero sé que estás ahí.*

**71.**

*Entras en mí, directo, y lo sanas todo.*
*Eres la cura y el milagro que anula cualquier dolor.*

*Con el ciclo de sanar, conocerse*
*y evitar posteriores sufrimientos,*
*me enseñas una senda sanadora.*

*Aquel que descubre la fluidez de tu milagro,*
*puede crear en el mundo cuanto desee,*
*porque es un poder libre y para todos.*
*Tu milagro está ahí*
*y es un regalo para la humanidad.*

**72.**

*Cuando admiro las estelas, el cielo,*
*su inmensidad me hace sentir pequeño*
*como un fugaz y sencillo elemento*
*en tu engranaje sincrónico,*
*divino, ancestral y*
*espiritual.*

*Puedo decir, creador de mi vida,*
*que eres lo más bello de este universo,*
*y no me equivocaría.*
*Eres lo más hermoso de la existencia.*

**73.**

*Mi alma respira tu vitalidad.*
*Ardes en mí espíritu,*
*enciendes una hoguera*
*para que encuentre la calma*
*y el delicado sosiego interior.*

*Imagino que otros podrán sentir esto*
*y son dichosos*
*de poder contemplar el universo*
*que se encuentra tras tu rostro.*

*En tu mirada universal*
*veo el origen del mismo tiempo,*
*siento que nacimos para vivir en armonía,*
*todos, como uno solo.*

*Cuando la vida*
*te da la oportunidad de sentir el amor,*
*lo ideal es disfrutarlo.*
*Hoy lo disfruto contigo.*

*Eres la luz de mis ojos*
*y de mi interior.*

**74.**

*Tú universo se abre,*
*el telón se expande,*
*para enseñar la obra perfecta*
*que es tu creación.*

*El ábrego desaparece,*
*dando paso a la serenidad,*
*el sentimiento de amor*
*y la luz.*

*Las puertas*
*que una vez se hallaron cerradas,*
*muestran y deslumbran*
*una muesca de luz.*

*Allí, donde sólo había oscuridad*
*apareciste tú, creaste el resplandor.*
*Donde todo era tormenta fuiste mi calma.*
*Donde el dolor comía*
*y recorría cada célula viva,*
*fuiste firmeza*
*y vida.*

*Allí donde estuviste,*
*allí hubo iluminación*

*Estoy bañado en la presencia de tus ojos*
*en el néctar de tu amor cuando me miras,*
*cuando me abrazas y suspiras.*
*Me entregas la eternidad para disfrutar*

*y aprender a ser uno contigo.*

*Y en la delicada melodía*
*de tus sueños cumplidos,*
*percibo cómo se hace realidad lo que añoro.*
*Porque mis sueños son tus sueños.*

**75.**
*Eres la melodía de mis sentidos.*

**76.**
*Maestro, maestra, de mi mente, de mi ser,*
*dame la valentía y el conocimiento de ser yo mismo,*
*de dejarme ser un alma libre.*
*Enséñame un camino sin espinos,*
*donde mis esperanzas*
*caminen estables*
*sobre el puente de luz*
*que pusiste en mi ventura.*

*Si ya naciste*
*como la perfección absoluta,*

¿qué más podría pedir de ti?
Sí ya me lo das todo, ¿qué puedo añadir?

Tengo todo cuanto necesito,
porque estás conmigo.

Mientras tus alas se expandan
alrededor de esta gloriosa alba,
estaré tranquilo,
porque tú eres la paz
y el sentido.

Tú eres la fuente,
el comienzo,
el final,
el principio.
Eres la cura,
y también el alivio.

Eres aquello que mora
en los sueños más anhelados.

Eres nuestro destino.


**77.**
*Es imposible describirte del todo.*

**78.**

*Estoy aprendiendo a ser libre,*
*y lo estoy consiguiendo,*
*porque sigo tu consejo:*
*"Déjate llevar, fluye y vive,*
*porque el tiempo es uno solo y el mismo.*
*La vida es un órgano palpitante e infinito,*
*que da sentido a todo.*
*La sangre de ese órgano son los sentimientos.*
*El universo, al igual que un corazón,*
*necesita sangre para existir,*
*necesita amor.*
*Los seres vivos,*
*requieren sentirse ellos mismos,*
*requieren sentirse queridos.*
*Todos necesitan sentirse amados,*
*y eso no les hace débiles,*
*les hace sencillos.*
*En la sencillez está la belleza, hijo mío.*
*Y en el amor, estoy yo".*


**79.**

*Me elevas, me das la plenitud.*
*Solo puedo pedirte un día alegre,*
*aunque aceptaré lo que venga de tus manos,*
*amor querido.*

*Lo que tú me des será siempre lo apropiado,*
*porque tú eres lo perfecto para mí.*

*Estoy aquí para ti,*
*para comprender*
*la simplicidad de tu naturaleza magna,*
*de tu espíritu,*
*que es más grande que el mismo todo.*

*Tu alma es tranquila como aguacero,*
*y potente como todos los huracanes*
*que han aparecido a lo largo*
*de todos los tiempos.*

*Tú corazón,*
*se desdobla para mí,*
*y me abre a un sentido nuevo,*
*a una sabiduría, que solo puede ser tuya.*

*Dame paciencia en las adversidades,*
*y fuerza para conseguir algo distinto.*
*Estás aquí conmigo*
*cada momento de mi vida,*
*y tú luz sigue una senda de gloria.*

*Este mundo,*
*brilla porque*
*tú eres su sol.*

**80.**

*Desde hace años*
*quería conocerte y contactar contigo.*
*Siempre quise vestir tus prendas sagradas,*
*la armadura divina*
*que aportas a los que luchan por su propia senda,*
*la armadura de aquellos que se aman a sí mismos*

*Aunque me dijiste, "estás aprendiendo. Sigue",*
*fui descubriendo cada día lo cierto que era eso.*
*Contigo, aprendí a expresar los sentimientos,*
*a ser valiente,*
*a ser constante con lo que era correcto.*
*Con lo que era de amor.*
*Cuando sentí tu presencia,*
*supe exactamente cuál era mi camino.*


**81.**

*No hay que suplicar amor,*
*cuando el amor está en todos sitios,*
*en todas partes, en todos los momentos.*
*El amor está vivo en todo el mundo y el universo.*
*El amor es un regalo, otorgado desde el cielo*
*para todos nosotros.*

*El amor es lo que sientes en tus manos,*
*lo que fluye por tus pies.*

*El amor es el bienestar de un abrazo perfecto*
*contigo mismo y tu corazón.*
*Si vives enamorado de ti,*
*el mundo,*
*sus conocimientos*
*y milagros,*
*serán automáticamente tuyos.*

# Parte II. La Tierra

**82.**

*Dame lo que necesito cada día,*
*junto al conocimiento*
*para saberlo disfrutar.*

*Por ello,*
*en tu sabiduría infinita*
*y a través del torrente continuo*
*en la vida sacra que nos entregas,*
*apórtame lo que requiero,*
*ni más ni menos, sólo*
*lo que sea mejor para mí.*

*Para mí será ideal,*
*porque acepto y disfruto*
*este momento perfecto*
*que me das hoy,*
*y solo hoy.*
*Cada día de hoy.*

*Eres mi sol.*

**83.**

*Cómo podría yo,*
*un simple mortal,*
*cambiar un pasado que ya*
*ha quedado grabado a fuego.*

*Enséñame que lo vivido*
*es un tiempo fugaz,*
*y que lo hecho está hecho.*

*Enséñame que el presente y el futuro*
*son lo importante.*
*Que tu luz y el amor son el viento*
*que sigue recorriendo, melifluamente,*
*sin importar la situación.*
*Das a todos al mismo tiempo.*

*Enséñame que no puedo controlarlo todo,*
*porque no soy control,*
*sino liberación.*

*Permíteme ser paz para los otros,*
*como lo eres tú para mí,*
*hoy.*

**84.**
*Comprendo a mis hermanos y sus dolores*
*e incluso las mentes explosivas*
*que parecen creer saber todo,*
*y olvidan que mientras más*
*se suelta el ser,*
*mientras menos intenta dirigir,*
*es cuando más se ama.*

*A veces, el conocimiento opaca*
*otro sentimiento aún mayor,*
*otro momento hermoso.*
*A veces, y solo a veces,*
*Esa sensación de querer tenerte*
*crea distancia,*
*porque a veces, esa desesperación,*
*desconecta de tu amor.*

*Cuando aprendí que,*
*para conectar contigo,*
*sólo tenía que amarme a mí*
*y a quienes quisiera realmente,*
*es cuando vi que la vida fluye*
*en la simpleza del pétalo de una rosa,*
*en la esencia misma*
*de toda sabiduría primigenia.*

*Hueles a almizcle, a humo,*
*a hierbas, a amor verdadero.*
*Hueles a todo lo que considero puro.*
*Adoro tu esencia.*

**85.**

*Dame la fuerza suficiente*
*para trabajar por mis sueños*
*y verlos conseguidos.*
*Para saber que debo moverme*
*si quiero ver cumplido un anhelo,*
*que todo requiere su trabajo.*
*Aunque estés ahí*
*para ayudarme en el camino*
*como los músculos,*
*los sentimientos también requieren su esfuerzo*
*para existir y ser fuertes.*
*Déjame que cueste trabajo conseguirlo,*
*pero que pueda,*
*que sea capaz de lograrlo.*

*Que vea los frutos de mi labor*
*en el menor tiempo posible.*
*Permíteme ver florecido tu amor en ellos,*
*y en mí.*

*Dame la fuerza para ver tu mano*
*en cada uno de mis actos.*
*Dame la capacidad de sentirte,*
*de recibir el aliento de tu sabiduría.*

*Dame el honor*
*de percibir tu presencia en mi vida.*
*Hoy y siempre,*
*alma divina.*

**86.**

*Aporta esperanza a mis sentidos,*
*a mis objetivos.*
*Amor a mis seres queridos*
*y amor propio para mí,*
*para que pueda vivir y amarlos,*
*sin llegar a depender de ellos.*

*Dame la fuerza necesaria*
*para creer*
*que soy capaz de conseguir mis metas,*
*que puedo alcanzar mis sueños*
*y que puedo despertar, sintiéndome yo*
*en este amanecer lozano.*

*Dame la capacidad de sentir*
*amor por el mundo entero,*
*pero más aún,*
*dame la fuerza para amarme a mí,*
*para pensar en mí lo primero.*
*Desde mi amor propio,*
*ya amaré lo demás*
*según corresponda.*

*Así será y así viviré*
*Con un amor saludable,*
*justamente lo que deseas*
*para todos nosotros,*
*tus hijos.*

**87.**

*En la existencia material efímera*
*pero explosiva*
*y llena de sentimientos,*
*me hallo, notando el rocío*
*de tu presencia en mi tez.*

*Como aquel joven que duerme bajo*
*el árbol de la vida*
*y despierta por el goteo*
*divino de las lágrimas*
*causadas por la misma alegría.*

*Como aquel que aprende a salir al sol*
*y a sentir en sus ojos*
*las llamas de tu calor.*
*Así aprendo a vivir, anclado a ti.*

*Tú eres el ancla de mi corazón.*

*Me siento orgulloso*
*de llamarte creador.*

**88.**

*Si tuviera que usar la palabra*
*ojalá,*
*sólo te pediría,*
*que ojalá la vida fuera más bella para todos,*
*y que, ojalá,*
*la supiéramos valorar más a cada momento.*
*Que pudiéramos apreciar los regalos*
*dados por el tiempo,*
*los que recibimos*
*y los que perdemos.*

*En un mundo donde todo*
*se hace polvo en el viento,*
*y cada cosa existe*
*un determinado momento,*
*el poder gozar algo*
*tan solo un segundo,*
*es tenerlo en la eternidad contigo.*

**89.**
*Me enseñaste a ser valiente,*
*a ser capaz,*
*a ser uno con tu respiración.*

*Me enseñaste a conectar contigo*
*y, a través de ello,*
*aprendí a vivir por ti.*

*El sentido del mundo cambió por completo,*
*lo que una vez pareció importante,*
*hoy son*
*pequeñas motas de polvo en el tiempo,*
*donde surcaremos,*
*con la gracia del firmamento*
*y a través de tus estrellas,*
*por las largas y afiladas estelas*
*de tu paraíso,*
*tu sendero de sanación.*

*Allí donde tú convives,*
*donde está tu precisión,*
*allí donde yo soy libre,*
*es donde estás tú*
*y tu amor.*

*Allí donde estás tú,*
*ese es mi hogar.*

**90.**

*Permíteme ser lluvia*
*de amor y sosiego*
*para mis hermanos y hermanas.*
*Permíteme poder calmar así*
*el fuego de la ira*
*que more en cada uno de ellos.*

*Enséñame cómo apagar el fuego de los demás*
*y sobre todo el mío propio.*

*Enséñame tu senda,*
*que es ácuea,*
*porque tu ser,*
*además de ser precioso,*
*está formado como un océano*
*de la más dulce sabiduría.*

*Nado en tu océano de amor*
*y siento cómo llenas a todos los demás.*
*Eres aún más importante que el mismo aire,*
*eres la vida, eres la paz.*

*Eres tú, y solo tú,*
*por toda la eternidad.*

**91.**

*A veces, es necesaria la justicia.*
*Haz justicia en mi camino,*
*que sea lo correcto, amor para el amor,*
*y espacio para el que así lo quiera.*
*Que todo el dolor se retire,*
*como se retira la maleza y la tristeza.*

*Un espacio de aquellos*
*para quienes aún no sea el momento,*
*y cercanía de esas almas,*
*con sed de tu amor, así como yo.*

*Que vengan a mí,*
*Esos hijos tuyos,*
*que ya aprendieron*
*y saben vivir con amor.*

*Que vengan a mi vida,*
*esos hijos tuyos,*
*que ya te conocen,*
*te disfrutan en la vida,*
*y saben conectar,*
*con la gloria*
*de tus abrazos.*

**92.**

*El ego es amor propio.*
*Dame ego, pero dámelo libre,*
*el que no depende de otros*
*más que de mí.*

*Que pueda aprender de mí mismo,*
*y lo que llamo mis errores,*
*no me atormente,*
*y en su lugar,*
*me enseñe a ser mejor.*

*Dame hoy, un traje nuevo*
*para mi interior.*
*Un traje que vaya acorde*
*al sentimiento de amor,*
*que tienes hacia mí.*

*Enséñame a ser tú,*
*enséñame a ser amor.*
*Enséñame, que la vida tiene un rumbo*
*y un camino,*
*que es directo a tu plenitud.*

**93.**

*Enséñame a ser libre,*
*a volar*
*con las dos alas que me diste.*

*Enséñame a andar de frente,*
*a vivir siendo sincero*
*y leal a mí mismo.*

*Enséñame a demostrarme*
*que puedo conseguir,*
*que puedo vencer.*

*Enséñame el método*
*para completar mis logros,*
*porque tú, en cada momento,*
*eres mis logros.*

*Permíteme verte en todo acto.*
*Sea de amor, o sea de aprendizaje,*
*déjame verte en cada uno de ellos,*
*para saber que son perfectos.*

*Todos los momentos contigo*
*son perfectos.*

**94.**

*Enséñame a normalizar lo que siento,*
*a hacerlo real.*
*A no crear una historia imaginaria,*
*sino vivir cada sentimiento*
*como es de verdad.*

*Enséñame a ser capaz,*
*de poner cada cosa en su sitio,*
*de brillar en tu amor,*
*y existir en tu mismo destino.*

*Enséñame hoy*
*que la vida es buena así,*
*que hay árboles derechos*
*y árboles torcidos,*
*pero todos son árboles tuyos,*
*bañados en tu savia*
*que es la luz.*

*No nací para corregir*
*el camino y forma natural*
*de los árboles,*
*sino para vivir con ellos,*
*y compartirlos con cariño.*

*El amor es precioso.*
*El amor está vivo.*
*El amor tiene formas ilimitadas*
*de ser visto y sentido.*

**95.**
*Tengo la esperanza*
*de que vivirás un camino de amor*
*a partir de hoy.*
*Vas a empezar a cuidarte, a ser tú.*

*Tengo la ilusión*
*de que ya no te maltratarás más,*
*empezarás a decir "yo lo merezco, la vida,*
*la paz. Merezco ser feliz. Nací para ser feliz,*
*el mundo me ha puesto aquí para disfrutar".*

*Si empiezas a sentir que realmente mereces*
*lo mejor*
*y te empiezas a mover por tu objetivo,*
*Podrás vivir una eternidad de amor*
*aquí en el mundo*
*y luego fuera de él.*

*Aunque, realmente,*
*qué más da lo que siga de este mundo.*
*querido amor, vive este, vive el presente.*
*Este es el camino, esto es lo real.*

*De nada sirve tener una pareja o amor*
*y estar pensando en el siguiente.*
*La tierra es tu amor actual, ámalo,*
*ya habrá tiempo para el otro.*
*Cada amor tiene su determinada sincronía,*
*y este es el momento del amor a la vida.*
*A la realidad.*

**96.**

*Para ese querido amor,*
*sean primero dadas las gracias*
*a todo lo que ha permitido tenerte en mi vida,*
*sean segundo, dadas las gracias,*
*a ti por estar a mi lado.*

*En este sueño sin final,*
*avanzando por un armonioso camino feliz,*
*voy de tu mano, notando*
*las cálidas estrellas en medio de la tibia noche,*
*y el melifluo amanecer que es vivir por ti.*
*Cuando te miro, mis ojos arden de furor,*
*y el miedo se esconde.*

*En el silencio*
*solo se oyen*
*los cálidos sentimientos*
*que tengo hacia ti.*

*Y cuando me miras,*
*el corazón se me encoge,*
*me aprieta el alma*
*deseando abrazarme y unirme a ti.*

*Cuando nos vemos*
*y entrechocamos las miradas*
*en esos gestos que solo nosotros poseemos,*
*puedo ver en tu rostro*
*todos aquellos sueños que cumplimos*
*y cumpliremos juntos.*

*Te veo,*
*y sé que fuiste mi apoyo, como deseo serlo para ti.*
*Te amo y te quiero,*
*como ama el silencio a la tranquilidad,*
*como aman las nubes a la lluvia,*
*como los peces al mar.*

*Te amo como aman los soñadores,*
*sin principio*
*y sin final.*

*Seré tus hombros y te apoyaré.*
*Seré tus ojos y te cuidaré.*
*Seré tu aliento y te reviviré a cada instante.*
*Seré tus gestos, para rozar siempre tu tez.*
*Seré tus lágrimas, para ser siempre tu consuelo.*

*Seré yo, en ti,*
*como tú eres en mí.*
*Seremos uno*
*en nuestros amaneceres y sueños.*
*Seremos uno.*

*Te amo.*
*A ti, a ti,*
*y solo a ti,*
*es a quien yo amo.*
*Y a quien siempre amaré.*

*Te veo, sonriendo en todos los ojos*
*que me has permitido conocer,*

*en cada alma, en cada conocido,*
*en cada mirada.*
*Ahí estás tú,*
*latiendo cada día,*
*con amor y*
*con tu sensibilidad única.*
*Bendito sea tu camino.*

*Gracias por permitirme ver*
*a través del reflejo*
*de tu sagrada mirada*
*el tesoro más bello*
*de la existencia.*
*Gracias por existir.*

**97.**

*Quiero comprender a los demás,*
*así como tú me comprendes.*
*Quiero vernos a todos como niños*
*a la vez que como adultos.*
*Quiero vernos a todos como lo que somos,*
*entidades perfectas*
*en un mundo perfecto,*
*fluyendo por tu esencia*
*majestuosa y natural.*

*Ayúdame a conseguir lo que deseo,*
*dale fuerza y poder a mis sueños.*
*Dame lo que creas mejor,*
*porque tú siempre me das lo mejor.*

*Después de todo tú eres,*
*simple y plenamente,*
*lo mejor.*

**98.**

*Gracias por darme la vida,*
*por apreciarme y comprenderme*
*cuando otros no lo hicieron.*
*Gracias por estar ahí*
*en cada momento que lo necesité.*

*Gracias por calmar mi dolor,*
*por enseñarme a amarme*
*y comprenderme a mí mismo.*

*Gracias por decirme*
*que las personas van pasando*
*como pasan el viento y las nubes,*
*una cada día.*
*Me has ahorrado miles de dolores*
*con tus palabras,*
*con tu sabiduría.*

*Lo que tú has tenido con los años*
*se ha traspasado a mi corazón.*
*Gracias por enseñarme a amar*
*y ser amado.*

*Por encima cualquier cosa,*
*gracias por permitirme*
*amarte a ti también.*

*Gracias por todo.*

**99.**

*La culpa es tan innecesaria*
*como la impaciencia,*
*tan dolorosa como intentar*
*poner un río en dirección contraria,*
*e igual de difícil de mantener.*

*La culpa es un peso*
*innecesario en la vida.*
*Déjalo salir,*
*déjalo correr,*
*que siga su curso*
*como todo aquello*
*que existe aquí.*

*Déjame ser.*
*Como soy por dentro,*
*así por fuera lo sea también.*

**100.**

*Mantén el templo de mi alma limpio para mí.*
*Mantén el templo de mi mente organizado*
*y el templo de mis sentimientos fluyendo,*
*para ti.*
*Mantén en orden el templo físico,*
*y cuando pierda de nuevo*
*el norte,*
*enséñame el camino.*

*Muéstrame que la senda*
*eres solo tú*
*y tu amor ilimitado.*


**101.**

*La sabiduría es una montaña elevada, que se alza*
*gigantesca y vasta, sobre las nubes de la esperanza.*
*Para acudir a ella se tiene que aprender a volar,*
*y para volar, se debe confiar en ti, confiar en el amor.*
*Para confiar en tu amor, hay que saber vivir,*
*y para saber vivir, hay que disfrutar cada día de hoy.*

*Disfrutando el día de hoy, sintiendo la piel y*
*dejando que cada sentido se conecte a tu presente,*
*es cuando se conecta con la sabiduría, es el*
*fluir y descender, como hace la lluvia*
*a lo largo de todo el mundo.*

*Amado Dios.*
*Tú eres la sabiduría*
*divina del corazón.*

**102.**

*Me enseñaste que la tristeza es un sentimiento temporal,*
*y que las lágrimas deben bajar como ríos de cristal,*
*por las mejillas, rozando tu delicadeza a cada instante.*
*Me enseñaste que la vida es bella,*
*me enseñaste que la vida es amor.*
*Y me enseñaste que, cuando amas lo das todo,*
*pero, sobre todo, me enseñaste*
*que amar con miedo no es amor.*

**103.**

*Permite que en las palabras*
*en cada momento,*
*en cada circunstancia*
*estés tú ahí, en mí,*
*y fluyas en mi vida.*

*Protege cada uno de mis pasos,*
*para que siga recorriendo*
*una senda saludable*
*donde todo el amor es uno,*
*donde toda la vida es unidad,*

*donde el corazón y la mente confluyen*
*en la armonía y la existencia,*
*tan perfecta como tu firmamento.*

*Permite que mis palabras hoy,*
*ardan en este corazón,*
*para que disfrute, anhele, ame y,*
*sobre todo,*
*para que sea feliz.*

**104.**

*Que la tierra,*
*madre bendecida de fertilidad*
*y armonía,*
*caiga sobre este cuerpo.*
*Todo lo mundano, lo espiritual,*
*lo santo,*
*sea hoy una parte hermosa*
*y fundamental*
*de mi vida.*

**105.**

*Que toda mi familia sea libre,*
*la material, y también la espiritual.*
*Que todas las cadenas del pasado,*
*aquellos con los que*
*me he atado o enganchado,*
*se rompan,*
*y que tu cadena del tiempo y*
*del dolor, que yo mismo he creado,*
*sea rota en este momento.*

*Que mis vidas pasadas*
*no supongan más que un recuerdo.*
*Límpiame, glorifícame,*
*hazme sentirte dentro*
*y purifica mis caminos,*
*para que, desde hoy,*
*todos los dolores sean sanados,*
*y pueda vivir en tu amor sereno.*

*Dame un apellido nuevo, un nuevo corazón,*
*y en ese lugar inmaculado,*
*pon muchas semillas,*
*para que broten los frutos de tu voluntad,*
*la alegría de sentirte,*
*la vitalidad de adorarte,*
*y el júbilo de quererte.*

*Sana a mis parientes cercanos,*
*sáname también a mí.*

*Si hay algo de lo que no soy consciente*
*que también fluya de mí y*
*siga el río permanente del tiempo.*

*Si algo he hecho mal,*
*me pido perdón a mí mismo,*
*me dejo existir.*

*Si algo me han hecho,*
*lo perdono,*
*me dejo existir.*

*Al fin y al cabo,*
*con tu presencia*
*ya soy perdón viviente,*
*soy amor.*

*Como tú enseñaste,*
*cada cual*
*se puede perdonar a sí mismo,*
*porque todos somos Dios.*

*Todos somos bellos.*
*como tú.*
*Porque todos somos tú.*
*Todos.*

**106.**

*Lo mental va a la mente*
*y lo espiritual al corazón.*
*Quítame de la mente*
*todos esos pensamientos innecesarios.*
*Ajusta mi corazón a tu medida de amor.*

*Muéstrame el camino, la verdad y la vida.*
*Muéstrame el mundo tal como es.*
*Lo que pueda salir de mí para dar a otros,*
*déjalo manar,*
*y lo que otros puedan dar para mí,*
*que así sea también.*
*Que dé, pero también que reciba,*
*porque alimentas mi espíritu*
*a través de cada ser humano*
*que trae amor a mi puerta,*
*a mi vida.*
*Que el amor venga a mi ser,*
*y que sea amor para los demás*
*en sus existencias.*

*Eres la luz del mundo.*
*Eres más infinito que el tiempo.*
*Eres la esencia misma.*
*Lo eres todo.*

**107.**
*Enséñame que puedo equivocarme*
*para aprender de esos errores.*
*Enséñame a ser perfecto*
*en lo que pueda conocer*
*como imperfección.*

*Enséñame a sentir más*
*este momento único*
*y maravilloso.*

*Enséñame, porque*
*quiero aprender.*


**108.**
*Enséñame a comprender a mi familia,*
*a tener amor y sensibilidad verdadera,*
*no esa que me hace sufrir,*
*sino aquella donde siento*
*amor por el otro,*
*lo comprendo y le ayudo a estar mejor,*
*donde salvo sin destruirme en el proceso.*

*Enséñame a ser luz,*
*a ser un faro para las almas*
*de todos mis hermanos.*

**109.**

*Enséñame a disfrutar de cada respiración,*
*a saber que, cuando entra el aire,*
*estoy absorbiendo tu amor*
*y cuando sale por mi boca la exhalación,*
*toda tensión se libera de mi cuerpo.*

*Enséñame que puedo leer tus palabras escritas*
*y calmar todos mis pensamientos a través de ellas,*
*a comprender el poder de conexión*
*con las palabras que has puesto*
*en nuestras mentes. En nuestro ser.*

*Enséñame a ser consciente de que respiro,*
*a que, en cada inhalación*
*de tu tiempo,*
*estás tú.*

*Enséñame a saber que existes,*
*a saber que estás ahí.*
*A saber sentir*
*que sólo quieres lo mejor para mí.*
*Enséñame a percibir tu gloria,*
*dentro y fuera de mí.*

*Y muéstrame otro milagro,*
*como el que me estás dando hoy,*
*con tu existir.*

**110.**

*Dame lo que realmente necesito.*
*Dame la vida,*
*dame amor,*
*dame esperanza,*
*dame corazón.*

*Dame más amor,*
*para que pueda comprender*
*lo que es sentirse amado*
*y pueda amar mejor a otros.*

*Dame el entendimiento*
*de la vida de los otros y,*
*si es posible,*
*que pueda cambiar sus caminos*
*a algo mejor.*

*Pon tu presencia en mí,*
*tu sabiduría en mis labios,*
*para que pueda expresar al mundo*
*lo que siempre Eres.*

*Permíteme ser parte de ti*
*Y que tú seas parte de mí.*
*Gloriosos todos por disfrutar*
*de tu abrazo*
*donde caben todos*
*y donde todos son uno,*
*libres e infinitos.*
*Todo gracias a ti.*

**111.**

*Siguiendo tu consejo*
*he ido a un lugar retirado*
*y he sacado todos los sentimientos*
*que tenía acumulados.*

*Dejé salir el dolor, la ira, la presión,*
*aquellas cosas*
*que, por distintos hilos*
*y motivos de tiempo,*
*no tuvieron su momento*
*de expresión.*

*Como me enseñaste en su día,*
*un río atascado no fluye.*
*Los sentimientos retenidos*
*bloquean el caudal*
*de plenitud que el alma,*
*el corazón y la mente,*
*quieren dejar ser.*

*Ya que pertenecen al pasado,*
*los dejo salir*
*en un lugar solitario,*
*los expreso como les corresponde,*
*como merecen.*

*Acepto ese hermoso dolor como parte de ti,*
*lo dejo seguir su camino.*

*Cuando la frustración*
*y la cólera se muestran,*
*una calma apabullante*
*me llena cada poro.*
*Siento la precisión de cada acto*
*en el corazón.*

*Cuando entras, justo*
*porque dejo espacio para ti,*
*ahí es cuando vivo el amor.*

*Cómo podrías entrar en el templo que es mi alma*
*si lo tengo lleno de objetos, pensamientos*
*y sentimientos antiguos.*
*Por vergüenza, limpiaría mi casa antes de recibir*
*un invitado.*
*Por amor, antes de que entres a lo que*
*también tu hogar,*
*he limpiado mis sentimientos.*

*Este templo fluye contigo,*
*amando cada acto que se realiza,*
*disfruta del presente, ahora mismo.*

*Cada corazón humano es libre,*
*porque fluir con el sentimiento de que el aire,*
*que el tiempo, son divinos,*
*da al alma una sensación de sosiego divino.*
*Tu nimbo fluye en nuestras mentes.*

**112.**

*Que hoy tenga la dicha*
*de conocer a alguien*
*y algo nuevo.*
*Una experiencia que me llene*
*justo donde necesito.*

*Que hoy pueda caminar seguro*
*de que soy yo mismo,*
*que siga la senda correcta,*
*la del interior.*

*Que me cultive un poco más a mí mismo*
*y cierre la puerta a lo venenoso.*

*Que mi vitalidad siga siendo*
*abierta*
*a aquellos que quieran amor,*
*y que también sea eso*
*lo que fluya en mi camino.*

*Que hoy tenga la dicha*
*de saber que voy por el*
*camino indicado.*

**113.**

*Me has mostrado que el amor*
*se encuentra dentro de cada uno,*
*y que no es necesario salir a buscarte.*


*Me has enseñado*
*que debo mostrar mis sentimientos tal cual son,*
*arriesgarme y entregarme.*


*Me has enseñado a mostrarme*
*y respetarme a mí mismo.*
*Y que, para conseguir un amor en esta vida,*
*debo amarme primero a mí mismo,*
*quererme como soy,*
*y sentir que ese amor es igual a mí.*


*Me has enseñado que cada persona en mi camino*
*es un maestro que viene a enseñarme algo y,*
*en algunos casos,*
*es aprender a tener espacio de esa persona.*


*Me has pedido que piense en mí lo primero,*
*para saber que, mientras pienso en mí,*
*estoy pensando en los demás también.*


*Me has enseñado que el amor lo define todo,*
*que la vibración de un alma es tan intensa*
*como lo son los sentimientos.*

Me has enseñado tu luz,
y me has dejado lleno de ti.
Siempre trajiste tus protectores,
me diste ángeles con cuerpo y sin cuerpo,
que fueron apoyándome en cada paso del camino.

Me diste la luz, me diste un destino.
Me diste un nombre, un espíritu vivo.

Me has mostrado que hoy
puedo conseguir todo lo que me propongo.


**114.**
Escribí una carta en la que perdonaba a todas las
personas con las que había cruzado un destino
negativo o había chocado.
Dejé salir todo el dolor que sentía en ese papel y, luego,
en lugar de entregarlo y revolver así el pasado,
lo dejé arder, en una llama incandescente
que puse en tu honor.

Dejé que el tiempo y el fuego lo pusieran todo en su lugar,
percibiendo el alivio que ello suponía.

Aprendí que el pasado es tan solo un recuerdo,
dejando espacio para un futuro bello.
Sigo aprendiendo a amarte mejor, a ti y
a todos aquellos que has creado en tu luz.

**115.**

*Enséñame a aprender de los demás,*
*sé mi Dios en ellos,*
*y muéstrame algo nuevo, algo pleno,*
*donde pueda saber sentirte aún más.*

*Amistades sanas y compañeros buenos.*
*Momentos de bienestar*
*y un instante eterno,*
*donde tu sonrisa de orgullo sea*
*la muestra de que es todo correcto.*

*Enséñame a ser libre cada segundo,*
*como lo estoy siendo en este momento.*


**116.**

*Me desvelaste tus millones de formas*
*y billones de recuerdos.*
*Dijiste que la vida era amor,*
*que seguía conociendo, que cada experiencia*
*de cada persona era propia*
*y había que respetar cada aprendizaje,*
*pero también había que amar.*

*Me enseñaste que, para conseguir las cosas, más que*
*visualizarlas y utilizar la mente, debía fluir con mis*
*sentimientos, dejarme llevar por el amor a eso que quiero,*
*sin importar lo espiritual o material que fuera.*

*Me enseñaste que, para amar y encontrar el amor ideal,*
*debía amarme a mí mismo primero, debía ser yo mi propio*
*amor en primer lugar. A través de quererme*
*podría disfrutar de un amor igual.*
*Porque solo amándome a mí en tu vibración elevada,*
*solo siendo Dios, podría encontrar*
*a una diosa o dios que acompañara*
*y fuera parte de este ciclo vital y bello.*

*Una diosa del amor,*
*en cuya alma resonará tu sanación,*
*que fuera libre,*
*libre como soy cuando existes a mi alrededor.*
*Es decir,*
*siempre.*

## 117.

*Cuando me dijiste que la humildad*
*era simplemente ser yo mismo,*
*no te comprendí.*
*Cuando pasó el tiempo, vi*
*que realmente era así.*

*Humildad jamás sería ir por debajo,*
*sino ser de igual a igual con el otro.*
*Humildad es esto que siento hoy contigo,*
*porque eres pura luz, y yo soy igual a ti,*

*Todos iguales, todos vivos,*
*todos siendo estrellas de la constelación que eres tú,*
*en el cielo despejado que has dado hoy a mis sentidos*
*y sobre todo a mi vista.*


**118.**
*Enséñame a perdonar*
*y a seguir perdonando,*
*porque no deseo llevar peso o ataduras*
*que sobran en mi camino.*
*Deja más espacio para el amor*
*ahí dentro, más para ti.*
*Más sitio para quererte,*
*para experimentarte*
*hasta lo más hondo del alma*
*Aún más.*


**119.**
*Me restableces,*
*me equilibras en todo malestar.*
*Abres los caminos de mi mente y mi espíritu.*

*Me iluminas y me reconfortas*
*en tu delicado bienestar.*

*Desde que estaba en el vientre materno,*
*e incluso antes,*
*ya estabas conmigo.*
*Me diste tu corazón,*
*me amaste como a un hijo.*

*Pese a cualquier error o inquietud,*
*siento que, para ti todo eso es lo mismo.*
*Tú me comprendes y sabes lo que deseo.*
*Dame el poder de saber sentirme libre,*
*de saber vivir contigo.*

*Dame la fuerza de saber*
*cuál es la decisión correcta hoy.*
*Dame de ti.*
*Tu naturaleza es la expresión y el reflejo*
*de la inmensidad del mismo universo ahí presente,*
*silenciosa a veces y, en otras, activa,*
*natural, viva, salvaje,*
*como tú.*

**120.**

*Enséñame a sentir*
*la ternura,*
*a romper la timidez*
*y el miedo,*
*para poder expresarme*
*libremente.*

*Enséñame que, ser yo mismo,*
*es lo más bello que puedo vivir.*

*Soy el ancla de mi corazón*

**121.**

*Que no sea el miedo el que elija en mi vida,*
*sino el amor.*
*Que cuando encuentre lo adecuado*
*en mi viaje, no sea el temor el que*
*decida, sino lo que de verdad quiero.*

*Que no cometa jamás,*
*el error de elegir por temor alguna vez.*

*Dame la capacidad de decidir lo que quiero*
*de verdad, de elegir mi camino.*

*Que no piense que un bache o un obstáculo*
*sean impedimentos para estar contigo.*

*Tú eres la luz que está conmigo.*

*Si me has enseñado lo que es*
*el amor verdadero,*
*quédate conmigo,*
*quédate conmigo*
*y quédate conmigo.*

*Alumbra, crece,*
*mora dentro de mí*
*y enséñame*
*un amor, sin temor*
*a lo divino.*

### 122.

*Que hoy sea un día maravilloso*
*para mí y para quienes vean mis ojos.*
*Que hoy sea un día bello para todos.*
*Que no caigan mis sentidos*
*en la pena o el victimismo*
*de que otro no tiene y yo sí.*
*Que sepa apreciar lo que tengo,*
*que pueda dar a quien lo necesita.*
*Que tenga una misericordia viva y no muerta.*
*Que sepa dar amor a quien lo requiera.*
*Porque el amor que fluye natural*
*como cascada de libertad y vida,*
*es el amor real.*

**123.**

*Allí donde otro quiera mi fracaso,*
*vea mi éxito,*
*porque en base a la envidia y al dolor*
*también aprendo, también aprende mi prójimo.*

*Enséñame a no temer al fracaso,*
*al mío o al de otro.*
*Enséñame que cada cosa tiene su momento*
*y que los errores, también son un buen*
*traje y un buen vestido.*
*Es la elegancia de tu experiencia.*

*Si fuera tan perfecto como lo eres tú,*
*estaría en todos sitios al mismo tiempo*
*como tú lo haces.*

*Si fuera tan libre como tú,*
*la vida sería lo más simple,*
*pero cuesta,*
*siempre cuesta en algunas partes*
*y por algunas raíces.*
*Por ello, querido amor de mi alma,*
*quita las malas hierbas de mi vida,*
*las físicas, las emocionales,*
*las mentales.*

*Permíteme sentir y vivir*
*por y para ti.*
*Siempre.*

# 124.

*Materializa mis sueños en el mundo físico,*
*dales forma, en la que sienta tu virtud,*
*que me sienta orgulloso,*
*tanto de mí mismo,*
*como de todo lo que he conseguido.*

*Materializa mis pensamientos,*
*aquellos que necesito realmente,*
*para que secunden mi travesía.*

*Muéstrame tu paz,*
*tu capacidad para materializar*
*y dar forma,*
*a ese amor que muestras en mi alma*
*cada vez que abro los ojos*
*y respiro otro día más,*
*tu magnífico,*
*pleno y mágico*
*aire.*

*Mientras esté vivo*
*seguiré cumpliendo*
*mis objetivos.*

**125.**

*La sombra ha transmutado en azabache,*
*el dolor se ha vuelto comprensión por los otros.*
*Lo que he sufrido,*
*se ha convertido en entendimiento,*
*El frío se ha convertido en una manta,*
*que puedo ceder a otros,*
*ahora que genero calor por mi propio cuerpo.*

*Todas las experiencias vitales que me has dado,*
*me han hecho ser mejor, me han conectado más a ti.*
*Las más dolorosas, las más reales, absolutamente todas.*

*Gozo el sentimiento de estar aquí,*
*junto a ti,*
*sintiendo el latido del presente*
*y de la vida.*

*Gozo este momento único y sagrado*
*que tú y yo*
*compartimos hoy.*

**126.**

*Rompe las cerraduras de mis sentimientos.*

**127.**

*Nadie conoce el futuro,*
*aunque en el fondo, todos los sienten.*
*Algunos conectan más con él porque,*
*al fin y al cabo, el pasado y el futuro,*
*como el presente, coexisten en una línea de tiempo.*

*Si supiéramos al completo nuestro futuro,*
*se perdería esa magia de pensar o sentir qué sucederá.*
*Si supiera el final del camino no lo disfrutaría tanto.*

*No dejes que sepa el final de mi historia,*
*ayúdame a experimentarla en plenitud,*
*que sea feliz en todo momento*
*y hasta el fin.*

*Que esos instantes tristes*
*se vuelvan júbilo en algún momento.*

*Gracias por todo.*

## 128.

*Enséñame a ser libre,*
*a ser distinto,*
*a ser como soy.*
*Enséñame a ser tan natural como*
*tus bosques, tus selvas.*
*A ser tan puro y sincero como tú.*

*Enséñame a ser amor para el mundo.*
*Déjame ser un trozo de ti,*
*de tu vida.*

*Permite que mi corazón*
*admire la grandeza*
*de tu sabiduría*
*a través de cada palabra que diga*
*y escuche.*
*Enséñame, enséñame a ser como tú.*

*Porque eso es amor.*

**129.**

*Ayúdame*
*a pensar en mí,*
*a ser leal a mí mismo.*

*Ayúdame*
*a comprender mis estados*
*de dolor e ira.*

*Ayúdame*
*a que me entienda*
*y a que me quiera.*

*Que sea capaz de sanar cualquier corazón*
*y comprenda que todo en la vida*
*tiene un propósito divino,*
*una razón, creada por una voluntad*
*colmada en la más grande sabiduría.*

*Ayúdame*
*a sentir que todo es amor*
*y que estás aquí conmigo*
*iluminando mis mañanas*
*y cada una de mis vidas.*

*Ayúdame*
*a saber, que donde sienta el amor propio*
*y la vida, ahí*
*es el camino correcto.*

**130.**

*Gracias por la vida que me has regalado.*
*Que hoy la aprecie y la ame más que ayer.*
*Que mañana la siga valorando.*


*Esta noche, sea lo que tenga que ser,*
*porque no me ataré a cosas materiales,*
*cuando estoy unido a tu divinidad,*
*y a tu atardecer.*
*Al arrebol infinito*
*que es vivir por ti.*


**131.**

*La vida va a sonreír de nuevo para ti,*
*secará tus lágrimas.*
*Dará frutos, justo*
*los que mereces y necesitas.*


*Si naciste para volar, así será,*
*Si naciste para nadar, así ocurrirá.*
*No temas esperar al tiempo,*
*al hilo de la esperanza,*
*al dolor de un parto,*
*o el miedo a perderte*
*en un intento de ser tú.*


*No temas a disfrutar cada momento,*
*porque eres puro amor.*

*Con eso en tu recuerdo,*
*serás libre cada día.*

*Si sientes y te dejas ser*
*podrás notar que, en este mundo,*
*en este amanecer,*
*has nacido para gozar,*
*para ser tú.*

*Pide, pide alma querida,*
*pide y tus sueños se cumplirán.*

*Eres un alma merecedora de los mejores*
*y más bellos momentos.*
*Hoy, siempre.*
*Toda tu vida.*

**132.**

*Enséñame a tomar las cosas como son*
*y no como ataques.*
*A sanar las defensivas,*
*mis miedos a lo externo.*

*Enséñame a ver el amor*
*cuando es verdadero.*

**133.**

*El secreto de la vida es saber y sentir*
*que todo, en determinado momento, ya no existe.*
*Esas preocupaciones, fueron presas de miedos*
*tan simples que luego van al olvido.*
*Al final son vanas y efímeras obsesiones.*

*El secreto del amor es que está siempre.*
*El creernos solos, en un universo lleno,*
*es como aquel que goza de todo y se siente vacío,*
*como la piscina rebosante que cree necesitar más*
*y más agua, o agua de otros tiempos.*

*El agua del pasado,*
*el agua atascada*
*se contamina.*

*Saca esos momentos viejos del pasado,*
*llénate de nuevos,*
*y conecta con el amor pidiendo así:*
*"Hazme limpio y acendrado, como eres en mí.*
*enséñame en la raíz de mi consciencia,*
*que el secreto del amor, es saber que lo eterno*
*es lo bello. Lo que dura para siempre*
*es lo real.*
*Solo el tiempo pleno es eterno.*
*Solo el abrazo que se conecta dentro es eterno.*
*Solo tú eres eterno".*

*Este momento*
*en que se leen estas palabras,*
*se queda registrado un recuerdo de tu tiempo.*

*Que aquí, hoy, quien lea, se llene de gloria,*
*que sienta lo que estoy percibiendo,*
*amor por la vida*
*amor por el sentimiento.*
*Amor por la pasión,*
*amor por ti,*
*amor por todo.*

*Porque todo es amor.*

**134.**

*Que cualquier enfermedad que pueda venir,*
*sea sanada o devuelta a otro tiempo.*
*Que hoy goce de tu salud,*
*como me siento, pleno.*

*Enséñame cómo, a través de la respiración*
*y del amor propio, puedo tener mi salud*
*en su estado más perfecto.*

*Enséñame a ser tan pleno*
*como lo eres tú.*

**135.**

*Me enseñaste que la vejez es parte del tiempo.*
*Cada etapa del mundo, es pequeña*
*para exprimirla*
*según la vamos teniendo.*

*Me enseñaste que somos consecuencias emocionales*
*de todo aquello que vamos viviendo. Me mostraste*
*un camino de amor donde, al final del mundo,*
*cuando mis ojos se cierren en este cuerpo,*
*se abrirán en otro, en un mundo que, a mi parecer,*
*es igual de hermoso, a este milagro que me das hoy.*

*Qué milagro tan bello*
*el que me permitas respirar,*
*existir,*
*el que pueda vivir.*

*Cada segundo que tengo*
*es un momento más de amor*
*que me permites compartir*
*contigo.*

**136.**

*Eres el creador de tu propia vida y sentimientos.*
*Antes de nacer, ya habías elegido cada una de las cosas*
*que vives hoy.*
*Puede que no lo parezca,*
*pero lo que dura un suspiro,*
*es decir, nuestra vida,*
*a mentes humanas, a nuestras mentes,*
*lo que es apenas nada,*
*aquí en el mundo parecen eternidades.*

*Si hemos venido al mundo, es a disfrutar.*
*Rompe, si puedes, cualquier necesidad de dolor.*
*Rompe con tu propia mente, con tu propia obligación,*
*y cambia las normas que te hayas puesto en tu vida.*

*Desde hoy, solo te pueden dar amor,*
*Desde hoy, solo puedes recibir cariño.*
*Es lo que mereces.*
*Valórate, respétate, date tiempo,*
*date cariño.*
*Si te cuidas, vendrán otros que te cuiden también.*
*Si te desprecias, vendrán otros a recordarte,*
*a través de su maltrato,*
*que debes cuidar de ti,*
*que debes dejar a un lado el dolor*
*y los vínculos imaginarios.*
*Que debes dejar los viejos amores*
*y empezar uno nuevo, desde el corazón.*

*Es momento de que seas feliz,*
*de que vivas con tu interior.*

*Hoy, no habrá sombra que camine al acecho de ti.*
*A mediodía, la oscuridad muere.*
*Este es el mediodía de tus sentimientos.*

*Escribe, ama, siente, déjate ser,*
*cumple tus sueños,*
*porque la voluntad del corazón no nació*
*para estar sola y dentro,*
*nació para fluir*
*como río bendito en el torrente*
*sagrado que es tu espíritu.*
*Por eso el amor, querida alma,*
*es precisamente como un río,*
*siempre en movimiento,*
*siempre vivo.*

*Mantente con vida, hazlo por ti,*
*hazlo por tus seres queridos.*
*Y si no los tienes, búscalos,*
*que hay mucha gente*
*deseando encontrar una luz*
*como la tuya*
*en su camino.*

*Brilla.*
*Naciste para eso.*

**137.**

*Si disfrutas el día de hoy con intensidad.*
*Si eres capaz de ir dentro*
*cuando sientas dolor,*
*y sabes respirar*
*disfrutando de tu conexión*
*contigo misma,*
*podrás volver aprender a amar.*

*Si puedes, intenta tomar este día,*
*para ti,*
*solo para ti.*

*Olvida los desamores.*
*Olvida los dolores.*
*Olvida la soledad.*
*Olvida los miedos.*

*Hoy, date un pequeño respiro,*
*un momento intrínseco*
*para sentirte, otra vez.*
*porque tú eres la encarnación*
*del amor en el mundo,*
*en la existencia infinita*
*que somos todos,*
*En este cosmos lleno de calma,*
*ternura y cariño,*
*donde somos apenas*
*del tamaño de células. Tú brillas.*

**138.**

*Enséñame a comprender a los demás.*


**139.**

*Muéstrame tu luz hoy*
*y en cada amanecer.*
*Enséñame a vivir por mí y para mí,*
*además de por quienes quiero.*
*Enséñame a ser yo mismo cada día.*


**140.**

*Cuando las ventanas de mi alma*
*estén opacas*
*por un mundo exterior*
*que aflija o me haga sentir dolor,*
*adviérteme un camino diferente,*
*un modo distinto de ver tu amor.*

*Muéstrame lo maravillosa que es tu alma,*
*el significado de la omnipotencia*
*y del corazón.*
*Muéstrame de tu luz.*
*Enséñame el camino, enséñame*
*la ventura de la luz.*
*Mi destino es ser tan libre como tú.*

**141.**

*Eres una flor diferente a las demás.*
*Todas son únicas.*
*Descubre tu esencia y olor particular,*
*tu forma propia de dar amor*
*a todo cuanto existe.*

*Al final eres pura luz en el interior*
*y lo estás descubriendo*
*con cada segundo*
*que pasa.*

*Al final, daremos vueltas*
*hasta descubrir*
*que somos ilimitada*
*y gloriosamente*
*perfectos.*

**142.**

*Sea experiencia espiritual en cuerpo material,*
*o material en cuerpo espiritual,*
*al final es lo mismo.*
*Hielo, agua o vapor,*
*todas son formas distintas de lo mismo.*

*Sea lo que sea que esté viviendo,*
*sea dolor, terror o amor,*

todas son experiencias de lo mismo.

Sea cual sea la vida que lleve, gracias,
que fluya más amor en mí.

Sea cual sea mi experiencia actual,
permíteme que sea mejor,
que disfrute más.

Permite que mis sueños mentales se cumplan
si son lo mejor para mí.
Que, en mi mente,
se rompan las limitaciones.

Permíteme saber ver a través de ti,
vivir por ti.

Permíteme
sentir
libertad.


**143.**
Cuando muchos me hablan de las escalas de energía,
que una persona es mejor o más elevada que otra,
recuerdo esas risas de amor, cuando me dijiste
que todos tus hijos, todos, humanos y seres celestiales,

*somos exactamente iguales. Esos miedos y vacíos internos que nos hacen creernos mejor que otros, son una mera falta de amor interior. Lléname de amor por ti, para que no sienta el vacío y me llegue a creer superior, cuando siento claramente que todos mis hermanos son iguales a mí.*
*Son puro amor, igual que tú.*

### 144.

*Estoy colmado de ti y todo cuanto me has dado. Me siento agradecido de que me dieras la vida, los ojos, el aliento, todo cuanto soy.*
*Me hiciste fuerte. Haces fuerte a quien conecta contigo. Para entrar en ti, solo es necesario entrar en uno mismo, porque, como tú mismo dijiste, entrarías en casa, en cada corazón de modo distinto*

*Cuando conecto contigo me siento yo.*
*Cuando conecto contigo*
*me siento como un libro abierto,*
*listo para ser leído, releído y conocido.*
*Cuando estás*
*al fin soy yo mismo.*

### 145.

*Tus cicatrices son hermosas.*

**146.**

*De qué me serviría tenerlo todo*
*si no lo puedo compartir.*
*Dámelo todo y déjame que lo dé.*
*Dale todo a todos,*
*enséñanos a darle el valor que se merece.*


*Cuando se tiene todo,*
*en la mayoría de ocasiones,*
*se pierde la notoriedad que le corresponde*
*a cada elemento*
*y aspecto.*


*Muéstrame el don de valorar la vida*
*y todo aquello que la conforma,*
*luz de mi alma y mi ser.*


**147.**

*La experiencia de tener un sueño*
*y verlo cumplido*
*es uno de los mayores logros del ser vivo.*


*Haz que hoy,*
*con este amor que has puesto en mí,*
*que has sembrado*
*como un árbol sagrado, dé frutos y*
*cumpla su objetivo.*

*Que hoy sea yo mismo*
*y cumpla con ese sueño vivo*
*que tengo dentro.*

*Que hoy*
*se cumplan los ideales*
*que nacen plenos desde mi alma.*

*Gracias por darme la vida.*

*Gracias por todo.*


**148.**

*Que mis ancestros,*
*su fuerza, esté latente en mí.*
*Que la llama de miles de años que se*
*ha creado con fuego sagrado y,*
*las experiencias*
*de todos aquellos*
*que vivieron antes que yo,*
*existan, como manantial*
*de conocimiento en mi interior.*

*Que la ardiente esperanza*
*que una vez fueron*
*sus sueños,*
*se esparza en mi mente y,*

*lo que ellos deseaban,*
*lo pueda cumplir.*

*Éxito, caminos libres,*
*fuerza y capacidad para cumplir mi cometido.*
*desde mis propios padres, a mis abuelos,*
*a mis generaciones olvidadas en el hilo del tiempo.*
*Dame la fuerza de esos sentimientos,*
*ese poder, de mirar atrás,*
*absorber lo que, por derecho, hoy me pertenece.*
*Que esa fuerza siga en mis hijos si los tengo,*
*y la voluntad del amor, de conceder*
*un mundo más brillante,*
*Siga cada día conmigo.*

**149.**
*Me has hecho inconformista*
*por naturaleza,*
*exigente en pensamiento,*
*activo en acciones*
*claro en las palabras*
*y directo con las emociones.*
*Me gusta ser así,*
*porque son las cualidades que me diste.*

*Me hiciste perfeccionista y alegre*
*sensible a muchas sensaciones.*
*Adoro que hayas dado justo*
*las medidas y porciones que querías.*

*Si hay algo que ves mejor cambiar,*
*haz que suceda,*
*que vea el cambio,*
*que sienta la necesidad de moverme*
*y que lo disfrute*
*como tiene que ser.*
*Desde el optimismo y el realismo.*
*Desde ti.*

## 150.

*Enséñame a comprender tu sabiduría,*
*a ver que mis errores*
*son también formas*
*de tu infinita perfección.*

## 151.

*Si tengo hijos,*
*que gocen de ti también, tanto como hago yo.*
*Que sepa ser mejor padre o madre para ellos*
*y pueda darles lo que requieran.*
*Que comprenda, que no siempre tengo razón,*
*me puedo equivocar,*
*ellos son maestros en mi camino,*
*así como para ellos, yo soy.*

*Que sientan en mí la gloria de tu camino,*
*así como la siento yo en ellos.*
*Estas criaturas, divinas*
*y bendecidas por el cielo,*
*caminan siempre atendidas por ti,*
*en tu cálido abrazo,*
*amor querido.*

*Que mi descendencia, sea siempre libre,*
*como lo soy yo contigo.*


**152.**
*Hazme tomar la decisión correcta.*
*Hoy, te elijo a ti como mi sanador,*
*mi guía*
*y mi camino.*

*Eres la luz*
*que da brillo a cada parte*
*de mi senda.*

*Eres tú,*
*simple y llanamente tú,*
*la decisión correcta eres tú.*
*Lo que me transmita tu amor*
*siempre será el camino correcto.*

**153.**

*Me enseñaste que el nacimiento*
*fluye con la naturaleza.*
*Al final cada alma tiene un tiempo,*
*cada persona posee su propia forma de ser.*
*Todo es distinto a través del ojo*
*de cada ser vivo.*
*La vida fluye en un ciclo perfecto, al fin y al cabo.*
*Aunque mis limitados ojos crean lo contrario.*
*Cada cauce del río es perpetuo y armonioso.*
*Cada sentimiento es parte de tu naturaleza espléndida.*


**154.**

*Enséñame a ser*
*yo mismo*
*hoy y siempre.*

*Enséñame a bautizar mi cuerpo en cada ducha,*
*disfrutar cada alimento como sagrado,*
*cuidar cada aspecto de mi salud,*
*comprender que el dolor al final es pasajero*
*y bajará en determinado momento.*

*Enséñame que elijo mi propio camino*
*y, haz un gran favor,*
*elige tú por mí.*
*Dame esa vida que quiero y necesito.*
*Dame lo que realmente deseo.*
*Porque tú todo lo puedes.*

**155.**

*Sólo puedo pedirte un día alegre,*
*aunque aceptaré lo que venga de tus manos.*
*Lo que tú me des será siempre inmejorable,*
*porque eres lo perfecto para mí.*

*Estoy aquí para ti,*
*estoy aquí para comprender la sencillez*
*de tu naturaleza magna,*
*de tu espíritu que es tan infinito*
*como el cielo, y aún más.*

*Con un alma tranquila*
*como aguacero,*
*potente como todos los huracanes*
*que han aparecido en el tiempo.*

*Tú corazón se desdobla para mí,*
*me abre a un sentido nuevo, a una gloria distinta.*
*Dame paciencia en las adversidades,*
*fuerza para conseguir algo distinto.*
*Dame la capacidad para cambiar mi dificultad,*
*para ser más yo mismo.*
*Dame el poder de hacer realidad lo que añoro.*

*Estás aquí conmigo*
*cada momento de mi vida,*
*y tú luz sigue una senda de felicidad.*
*Que sea dichoso, en tu día de hoy.*

**156.**
*Toma todo el tiempo que necesites para ti.*
*Todos los tiempos son de amor,*
*A veces el silencio, el mismo*
*silencio sepulcral*
*que habita en las tumbas,*
*es la respuesta a un camino.*

*A veces sentarte, recostarte o dejarte ser,*
*parar tu mente sintiendo el momento,*
*pueden darte una pista*
*del motivo de tu nacimiento.*

*Si hoy respiras, sientes,*
*dejas que salga la voz interior*
*al exterior,*
*podrás ver que estás lleno*
*de amor por los demás,*
*y sobre todo por ti.*

*Cuando la voz interior habla,*
*el mundo escucha*
*porque esa voz,*
*es la sabiduría de Dios*
*en forma literaria*
*y auditiva.*

*El amor*
*es hermoso en todas sus formas,*
*hasta en el silencio.*

*Por eso hoy, toma tiempo para ti,*
*escúchate a ti mismo,*
*déjate ser feliz.*

*Veamos qué sucede,*
*si simplemente te sueltas,*
*te dejas ser, en amor*
*con los demás seres vivos.*

*Sin presiones, solo suelto, solo libre,*
*solo comprensivo.*
*Así, como eres realmente dentro.*

*Un alma*
*de amor*
*divino.*

**157.**

*Quiero sentir cada día lo que eres en mí,*
*amar todo lo que está a tu alrededor.*
*Quiero vivir por ti*
*como tú vives en mí.*

*Entre los dos existe un sentimiento de amor mutuo,*
*una sensación única, un resplandor.*

*Tú eres el amor que fluye por mis ojos.*
*Eres mi salvación.*

*Tú fluyes en la calma*
*y liberas mis sentimientos tormentosos.*
*Cuando te veo*
*y tú me ves,*
*siento tu matiz.*

**158.**

*Amanece en mi corazón.*

**159.**

*Enséñame a valorar más la vida que tengo.*
*A amarme y quererme más.*

**160.**

*Que olvide aquella información innecesaria,*
*que solo recuerde la correcta.*


*Tú eres libre,*
*yo lo soy contigo.*
*Eso es amor, corazón querido.*


**161.**

*Medito para entrar en sincronía contigo,*
*porque vives en el presente,*
*ahí donde vive el amor*
*sincero y exquisito.*


*La voz de tu alma,*
*cautelosa,*
*me hace tomar las decisiones apropiadas*
*porque tú, madre de toda vida,*
*naciste con el conocimiento*
*de las eras antiguas.*


*Tú, creadora de la naturaleza*
*fugaz y refulgente*
*vas cambiando de forma*
*con cada día que pasa.*
*Todas tus formas son hermosas.*

*Bendita sea tu luz.*


**162.**
*Enséñame a caminar derecho.*
*Que no tropiece*
*ni me tuerza.*
*Que mis caminos sean tu senda*
*y mi mente te comprenda.*

*Enséñame a amarte*
*como me amas tú a mí.*
*Haz mi alma perfecta,*
*como la tuya ya lo es.*

*Lo siniestro ya no existe*
*desde que estás tú.*
*Cualquier dolor*
*es ahora,*
*un recuerdo antiguo,*
*etéreo e invisible*
*de alguna sensación.*

*Ahora solo quedas tú.*
*lo absoluto,*
*lo sublime.*
*Solo tú.*
*Tú y solo tú.*

**163.**

*Ser libre es lo más importante.*


**164.**

*Que sea yo
el dueño de mis decisiones.
que tenga la fuerza de elegir
mi propia senda,
mi propio bienestar*

*Que solo dependa del aire para existir
y que ninguna persona o ser
me cree dependencia.*

*Que solo te requiera a ti,
amor que existes por todas partes
y tiene todas las formas.
El amor que es más puro
que la misma vida, que la naturaleza.*

*Que pueda disfrutar una senda de amor,
donde sea rey o reina de mi destino,
donde elija yo
mi propia forma
de conectar contigo.
Con tu amor.*

**165.**

*Cada cosa en su momento.*
*Que cada instante sea perfecto,*
*y pueda dedicar este día,*
*a pensar en mí, a vivir por mis sueños.*

*Que hoy se retiren las tensiones, los malestares,*
*que hoy viva tu paz por un momento.*

*Retiro de mi mente todo lo que me obsesione,*
*por este instante.*
*Me quedo en la soledad,*
*en la sensación de estar contigo.*

*Bendita y bella soledad*
*que te permite pensar en silencio,*
*pensar libre. Pensar realmente.*
*Cuando puedes pensar solamente tú*
*Hay un camino pleno,*
*donde la mente es privilegiada*
*al sentir para sí.*

*Y más aún que, en soledad, estoy contigo.*
*La soledad es para un tiempo*
*de amor junto a ti,*
*que eres todo lo que está vivo.*

*Soledad, es estar cubierto de ti.*

**166.**

*Estoy aprendiendo a ser libre, y lo estoy consiguiendo,*
*porque sigo tu consejo: "Déjate llevar, fluye y vive, porque*
*el tiempo es uno solo y el mismo. La vida es este regalo que*
*doy para ti. Este momento, que te pertenece.*
*Cúbrete de amor.*
*Los seres vivos, requieren amor,*
*Les es saludable sentirse queridos.*
*Todos se llenan al sentirse queridos,*
*y eso no les hace débiles, les hace sencillos*
*Y en la sencillez está la belleza, hijo mío".*


**167.**

*Que mi hogar sea hoy bendecido y bañado por ti.*
*Que tu manto, blanco, rojo y dorado,*
*me envuelva completamente.*

*Haz de mi casa un templo*
*y de mi corazón tu hogar.*
*Muéstrame*
*que el tiempo lo pone todo en su lugar,*
*que tu amor es ilimitado,*
*tanto, como el amor que siento por ti.*

**168.**
*Me has enseñado a vivir,*
*a exprimir en cada segundo*
*la valentía del momento presente,*
*de tu salvación.*

*Me has enseñado que el dolor*
*es una mota del tiempo absoluto*
*que es tu corazón.*

*Me has mostrado que*
*las huellas del pasado*
*son apenas recuerdos viejos,*
*anhelos.*

*El futuro, el destino,*
*es una meta*
*sencilla, simple,*
*comparada con el regalo*
*tan valioso y*
*grandioso*
*que es tu presente.*

**169.**

*Sé el mago,*
*el creador de tu destino,*
*de tu sendero.*

*A tu paso, siempre flores.*
*Crea amor y esperanza en el mundo.*
*Da un motivo a tu existencia,*
*debes amar tu existencia*
*y para eso, hay que convertirla*
*en una forma*
*que puedas amar.*

*Debemos y necesitamos*
*crear en la vida*
*las cosas que amamos de verdad,*
*empezar a hacer parte de nuestro camino*
*el tiempo presente.*

*Como mago de tu destino,*
*abre la puerta al éxito,*
*abre la puerta al amor,*
*al conocimiento.*

*Puedes tener todo cuanto quieras,*
*formar el imperio físico*
*o emocional que necesites.*

*El mundo ha nacido*
*para que lo disfrutes.*
*Para que no te limites.*

*Si hay algo que te impide avanzar, rómpelo.*
*Paredes y bloqueos de la vida,*
*se hicieron para que los rompas*
*e inicies tu senda.*

*Hoy, como ritual, escribe tu sueño,*
*tu primer sueño del día,*
*y cúmplelo.*

*Sea grande, pequeño o tan simple como*
*un pensamiento, hazlo, conclúyelo*
*y ve por el siguiente.*

*Porque un mundo de sueños cumplidos,*
*es el lugar hermoso y delicado*
*que buscan las almas alegres,*
*las almas vivas.*

*Hoy, como mago de tu camino,*
*crea alegría en tu vida.*
*Sé feliz, libre,*
*es tu destino desde el nacimiento,*
*alma querida.*

**170.**
*Paz, tranquilidad, silencio,*
*amigos sinceros y momentos tiernos,*
*son la receta de amor y el secreto*
*para conectar con lo verdadero.*

*Que pueda, a través de mis propias creencias,*
*de mis propios sentidos,*
*hallar la conexión más pura*
*a tu sendero.*

*Líbrame de penas, de miedos,*
*líbrame de oscuridad*
*y dame lo sincero.*

*Llena mis caminos de abundancia,*
*haz que nade en lo bueno.*
*Por encima de todo,*
*que donde pisen mis pies,*
*esté tu sabiduría acompañándome,*
*para que no haya tropiezo.*

*Tú eres,*
*la fuente y la luz*
*que da rienda*
*suelta a mi corazón*
*y mis deseos.*

*Tú eres yo.*

**171.**

*Que las dudas se disipen*
*cual nube inesperada.*
*que vuelva a salir el sol y la claridad*
*en mi mente, en mi sol personal,*
*que es tu interior.*

*Si me baso en que eres todo lo que existe,*
*y sólo quieres mi felicidad,*
*en que mi vida es una forma plena de tu amor,*
*donde puedo hacer lo que desee*
*siempre que me respete a mí*
*y que respete a los demás,*
*descubro con brío, que en esa libertad*
*ya no me falta de nada.*

*Qué me podría faltar*
*si tú me lo das todo.*

**172.**

*Que me quiera, que me quiera más,*
*que me quiera tanto que reviente de amor.*
*Que me enamore de mí desde lo profundo,*
*y así sepa discernir*
*de un amor verdadero*
*a uno irreal.*

*Que tu esperanza sea mi voluntad*
*y que por ti me levante cada día.*

*Que me siente delante de mis objetivos*
*y los cumpla, porque puedo, porque soy capaz.*

*Porque soy invencible mientras tenga amor,*
*mientras estés conmigo.*
*Tú eres el significado de la palabra amor,*
*y guías mi camino.*
*Lo que tú deseas,*
*es lo que quiere mi amor propio*
*y ahí voy a ir.*

*la fuerza existe desde siempre,*
*porque siempre has existido tú.*

**173.**

*Cuando las lágrimas caigan por tus ojos,*
*la ira y la impotencia aprieten tus labios,*
*y sólo puedas ver cómo opción*
*la cólera y el dolor,*
*recuerda que estamos juntos aquí en esto,*
*que todo es parte*
*de una bendición de amor*
*y que, si no temes,*
*hoy, podríamos sentirnos*
*por encima del mundo.*

*porque el miedo es hermoso,*
*es bello bajo esa capa que duele,*
*pero más bella aún*
*es la fluidez del interior.*
*Cuando el miedo se desvanece*
*solo existe la hermosura.*

**174.**

*Rectifica mis pensamientos,*
*que fluyan armonios*
*e inalterables,*
*para que pueda contemplar*
*las situaciones con claridad*
*y sin tropiezos.*

*Que allá donde hubiera locura*
*dentro de mí,*
*o en cualquier pensamiento turbio,*
*tu amor ponga ternura, calidad de vida,*
*amor y albadas.*

*Que allá donde exista el dolor, tu mano*
*lo remplace por amor,*
*por cariño.*
*Por ti,*
*solo por ti,*
*luz del infinito.*

**175.**

*Cada día despiertas más nuestras mentes,*
*y todo cambia.*
*La antigua noche*
*hoy es un día despejado,*
*todo se sigue moviendo,*
*avanzando como una rueda que confluye*
*en el abrigo de tu pasión,*
*dando energía a todo.*

*Cuando estás, te siento.*
*Percibo los cambios, es momento*
*de reemplazar un amor por otro.*
*Un trabajo por algo nuevo*
*o una senda, por dar marcha atrás, incluso.*

*Sea cual sea el movimiento,*
*está siendo perfecto.*
*Tu ser lo hace todo perfecto.*

## 176.

*Que nunca caiga en la desgracia de ser tibio.*
*Que sea frío o sea cálido,*
*pero jamás sea tibio o neutral ante tu amor.*

*Que pueda definirme por un camino, que elija uno,*
*porque la fuerza y la honradez existe*
*en aquellos capaces de tomar una senda.*

*Quiero elegir la apropiada, cualquiera de ellas,*
*pero tomar una.*

*Que siempre pueda mostrarme como soy realmente.*
*Líbrame de ser algo simple y sencillo,*
*hazme complejo,*
*hazme vivo,*
*hazme un rompecabezas por armar,*
*que sea difícil, que pueda llevarlo a cabo,*
*que sea distinto. Que sea como soy.*

*Dame la fuerza, para ser caliente o frío,*
*y vivir así con tu cariño.*

**177.**

*Creía que la compasión, era sentir pena por el mundo
y querer cambiarlo sin mover un dedo,
pero me di cuenta, que la compasión verdadera
era hacer del mundo un lugar más bello.*

*La compasión sin movimiento,
sin vida, sin sentimiento,
es como un cauce bloqueado
o un árbol que no crece, por miedo.*

*La compasión que das dentro del alma,
la real, da movimiento, da amor.*

*La compasión que quiero seguir aprendiendo,
es esa donde me muevo, donde me siento,
donde soy yo mismo un mundo mejor
y hago sentir mejor a otros.*

*Estás en mí y yo en ti, como todos.
Tu amor es libertad y movimiento.*

**178.**

*Y dame el poder de tomar mis propias decisiones.*

# Parte III. El Camino

### 179.

*El frenesí de energía dorada*
*que fluye por tu cabeza,*
*con los delicados cabellos,*
*que dulcemente*
*recorren tu presencia,*
*en la fragancia que solo puede ser ternura,*
*me enseñan la paz y la elevación.*

*En ti conozco la locura.*
*Eres la dicha, el sinónimo más puro de la pasión.*
*En tus alas, admiro una naturaleza femenina,*
*una alta vibración que, a través de tu deseo,*
*solo puedo llamar amor.*

*En tu mirada admiro el cariño,*
*el deseo de protección.*
*Veo tus miedos y los adoro,*
*los abrazo para mí y mi interior.*

*Añoro sentir tus brazos,*
*Adoro amar tu corazón.*
*Eres para mí.*

*Eres el significado de lo que es estar vivo,*
*el significado de sentir,*
*de la expresión.*

*Princesa,*
*dulce y etérea princesa,*
*mi corazón,*
*ama todo lo que no quieres mostrar.*

*Y lo que muestras.*

*Amo tus tesoros*
*y tus supuestas debilidades.*
*Te amo como al oro, no el físico,*
*el de Dios, el de la luz.*
*El oro que baña la esencia de la sabiduría,*
*el que da silencio a la mente parlanchina*
*y activa de nuevo la soltura*
*de tu clamor.*

*Porque tú eres*
*y serás siempre*
*la más bella de este mundo*
*y de este presente.*

*Mi querida.*

**180.**
*Tu espalda dibuja la silueta de la perfección.*
*A veces me cuesta creer*
*que puedas encontrar defectos en ti,*
*pero lo haces.*

*A veces veo tus dudas,*
*y observo los mares y océanos*
*de pensamientos, los noto dentro de mí.*
*Me sigue costando creer*
*que te encuentres algo negativo.*

*Si pudieras verte como yo lo hago,*
*si pudiera darte mis ojos*
*y que pudieras saber*
*lo perfecta que eres*
*y lo perfecto que soy cuando estás tú,*
*me quitaría los dos*
*y te los daría.*

*Me gusta así como es hoy,*
*porque, querida,*
*nuestros ojos se están combinando en uno solo,*
*y el amor está fluyendo. El amor siempre fluye.*

*Eres el hada del amor, la diosa de la vida.*
*Eres un espíritu alegre.*
*A veces te sientes pequeña,*
*y eres tan grande…*
*Cómo no podrías ser grande, si para mí*
*ardes más que el sol,*

*y eres más importante que el aliento.*

*Cómo no podrías ser eterna, si eres el símbolo*
*de lo que es ser hermoso.*
*Comprendo cualquier temor,*
*porque en su momento*
*también sentí miedo,*
*también tuve horror*
*al plantearme dejarme ser,*
*pero cuando lo fui,*
*fue mi mejor momento.*

*Espero y deseo*
*que hoy y siempre,*
*mi corazón te dé*
*tu mejor momento.*

*Querida luz.*

**181.**

*La diosa del amor aprende y vive con toda*
*la potencia que le es posible.*
*La diosa del amor aprende a vivir con su interior*
*y disfruta del mundo.*
*La diosa del amor, es la representación*
*de lo que es bello y sacro,*
*de lo inefable que recorre*
*la cima de la gloria eterna.*

*Cuando la diosa del amor,*
*se da cuenta que es la diosa del amor,*
*es cuando todos somos libres*
*porque, cuando ella fluye,*
*es cuando llega el momento de vivir,*
*el momento de sentir.*

*Cuando temas*
*a esas nimiedades del día a día*
*recuerda que eres la diosa del amor,*
*y todo se desvanecerá enseguida.*

*Los nervios del estómago se disolverán*
*cuando sientas este amor eterno*
*que tiene mi alma por la tuya,*
*querida.*

**182.**

*Tengo tantos deseos de sentir tus manos,*
*como de observar tu mirada horas,*
*y horas y horas,*
*infinitas horas de infinitos relojes,*
*en un infinito tiempo*
*donde todo es paz y felicidad,*
*porque estás tú.*

*Bajo ese velo brillante y sagrado*
*que son tus pestañas,*
*veo el color del cielo,*
*tu mente es el nimbo.*
*Ese verde que me da la esperanza,*
*el azul de la vida,*
*el avellana que conquista,*
*una mezcla simple*
*y directa,*
*de lo que es la belleza*
*en su forma más experta.*

*Aunque tus ojos parezcan*
*físicamente de color oscuro,*
*para mí brillan*
*de todos los colores al mismo tiempo.*
*Son lo más preciado de este mundo.*

*Tú eres la belleza.*

**183.**

*Al alba blanca*
*que se refleja*
*en tu mirada cuando amanece,*
*es a la que agradezco el tenerte conmigo.*

*Si tuviera que describirte*
*diría que eres acendrada.*
*Eres inigualable.*

*Si me pidieran elegir*
*entre el mundo y tú,*
*te elijo mil veces a ti*
*y luego mil veces más.*
*Porque, al fin y al cabo,*
*eres mi mundo.*

*Cuando tu pelo va atrás*
*y deja al descubierto tu cuello*
*sudado por el clamor del tiempo,*
*puedo sentir el aroma sagrado que brota*
*de ti, ese aroma que conquista, que motiva.*

*Cuando respiro el mismo aire que tú,*
*soy feliz, querida mía.*

**184.**

*Cuando veo las estrellas, tibias,*
*recuerdo que cada instante es pasajero*
*y que, la luz suele durar más*
*que el mismo tiempo.*

*Desde que observo en el paraíso*
*que son tus sentimientos,*
*y la calidad de amor que das a los demás,*
*veo la sabiduría disfrazada de ser vivo.*

*El complejo y el miedo rotos de hace tiempo.*
*Veo un ser humano aprendido,*
*sentido, libre.*

*Veo la belleza y el amor a través de ti.*
*Querida de mi corazón.*

*¿Sabes lo que veo cuando te observo?*
*El edén.*

**185.**

*Tú eres el camino.*

**186.**

*El tacto de tus dedos será como el cielo,*
*la fuerza de tu mirada*
*me recuerda al fruto*
*que está listo para ser comido,*
*para tocar mundo,*
*luego de haber existido años*
*entre las capas del firmamento.*

*Si tuviera que describirte,*
*diría que eres la dicha*
*encarnada,*
*a través de una sonrisa plena,*
*natural, libre,*
*contagiosa de todo lo que aportas a los demás*
*con tan solo existir.*

*Tú vives, y mientras eres,*
*fluyes con todo lo que hay a tu alrededor.*

*El amor presente ha tomado forma*
*y está en ti.*

**187.**

*Sigo enamorado de ti,*
*más aún que el primer día,*
*y aquella primera vez que te oí*
*fue el mayor anhelo.*

*Sigo enamorado de ti,*
*más aún que ayer.*
*Y ayer te añoraba como al cielo.*

*Sigo enamorado de ti,*
*Más aún que en la primera frase,*
*porque me doy cuenta de cuánto te quiero,*
*y eso me hace adorarte aún más.*

*Sigo enamorado de ti,*
*porque, cariño y luz,*
*yo siempre voy a estar enamorado de ti,*
*de tu alma divina.*

*Brillas.*

**188.**

*Cómo no amarte, querida,*
*si hasta las lágrimas de tus ojos son bellas.*

*Cómo no amarte, querida,*
*si hasta la naturaleza te ha amado*
*de manera absoluta,*
*al hacerte un ser tan precioso.*

*Cómo no amarte, vida mía,*
*si eres la luz que da rienda suelta*
*a mis palabras*
*y a mis sentidos.*

*Admiro la belleza y, me inspiras,*
*me haces escribir las cosas que siento,*
*y, sin prisas, pareces ahondar en mi interior.*

*Eres el amor que quiero en mi vida.*
*Tú y sólo tú.*
*Porque esto ya es perfecto así.*

**189.**

*Quién diría*
*en este mundo*
*que el amor absoluto*
*podría tomar forma,*
*vibrar, con esta energía*
*y fuerza tan femenina.*
*Con luz pura, absoluta y*
*que buscara algo,*
*más allá de lo maravilloso.*

*Quién diría*
*que, en esta tierra,*
*en este momento,*
*Dios,*
*en su infinito poder,*
*me permitiría conocer lo sublime,*
*y me permitiría amarle*
*con todo lo que siento dentro.*

*Quién diría que la vida es así de hermosa.*

*La vida,*
*no es tan hermosa como tú,*
*pero se le acerca.*

**190.**

*Me da igual de dónde vengas*
*porque, a partir de hoy,*
*vamos los dos.*


**191.**

*Qué símbolo de belleza trajo Dios al mundo,*
*cuando te creó y cinceló,*
*perfecta en cada pieza,*
*en cada aspecto.*

*Te hizo una diosa, divina,*
*una belleza que creía*
*imposible y desconocida.*

*Desconociendo lo que era el amor*
*hasta que te percibí.*

*Ahora sé lo que es vivir*
*sintiendo.*
*Ahora sí estoy vivo,*
*y es porque tú apareciste.*

**192.**

*Tienes el cuerpo perfecto,*
*intrínsecamente perfecto*
*y bien establecido.*
*Podrás ver defectos,*
*pero solo veo cualidades,*
*es lo que siento y tengo dentro.*


*Qué Dios tan hermoso*
*Puede haber en el cielo y en la tierra,*
*para haber hecho algo tan bello como tú,*
*querida.*


**193.**

*Cuando te sentí,*
*supe que eras para mí.*
*Me pertenecías,*
*yo te pertenecía a ti.*
*Éramos el orbe*
*y la melodía perfecta.*

*El grito con perfecto sentido*
*que remedia el dolor,*
*El alivio que da*
*el sentimiento pleno.*

*Somos luz y sombra,*
*amor y sanación.*
*Somos la puerta, la ventana,*
*la casa entera.*

*Somos el estanque*
*donde se reúnen, pacíficos,*
*todos los sueños*
*deseando tomar forma*
*y materializarse*
*en busca de un destino*
*mayor y absoluto a cualquier amor.*

*Desde el principio*
*supe que eras para mí, querida guerrera*
*y que yo pertenecía ahí, dentro de ti.*
*Ese es mi sitio.*

**194.**

*Soñaba contigo desde antes de nacer.*
*Mis labios buscaban los tuyos*
*desde antes de existir.*
*Antes de que la tierra fuera poblada*
*mis ojos vertieron amor por ti.*
*Y en cada una de tus sonrisas*
*solo puedo imaginar*
*el paraíso que se siente*
*al coexistir*
*con esos pensamientos,*
*con esos sentimientos,*
*con ese corazón.*

*Te imaginaba, antes de que el mundo tuviera forma.*
*Amé tu cuerpo, antes de que existieran los cuerpos.*
*Antes de que existiera cualquier cosa en el mundo,*
*había una semilla de belleza.*
*Estabas tú.*

*Antes del tiempo, antes de todo*
*y también en el futuro,*
*te amaba, te amé y te amaré,*
*como ama un poeta enamorado.*
*Con todo el corazón.*

**195.**

*Tus miedos son simples,*
*Solo temes vivir, y no es problema,*
*Todos, en algún momento tememos vivir.*

*Tus miedos, no son irrisorios, pues duelen,*
*pero son sencillos.*
*Sólo temes existir en amor, y en la luz.*

*Tus miedos, son parte también de mí,*
*y al ver el reflejo de los miedos,*
*tomando forma en tu cuerpo físico,*
*siento que te amo más.*

*Tus miedos, no son nada realmente,*
*porque tu amor es infinito,*
*querida de mi corazón.*

*Tu alma es perfecta.*

**196.**

*Me enseñaste a amar con el corazón,*
*a vivir mi vida como soy.*
*Me resucitaste,*
*me hiciste tuyo*
*y fuiste un poco mía.*

*Diste una razón alegre a mi camino,*
*algo más allá de lo mágico*
*y lo conocido.*

*Me mostraste amor,*
*me diste el amor de un dios,*
*de una diosa de vida.*

*Querida, que ardes*
*ya siempre dentro de mí,*
*espero que tu camino*
*a partir de ahora*
*sea de fantasía.*

### 197.

*Cuando percibí aquel aro de luz*
*sobre tu cabeza, ese nimbo resplandeciente,*
*creí que eras una diosa,*
*pero eras una humana,*
*una simple humana.*
*Brillabas como ninguna.*

*En la simetría absoluta de tu rostro,*
*edifiqué una canción de amor,*
*y por ti escribí mis poemas.*
*Por tus ojos escribí*
*y el corazón me latió como nunca.*

*Si pudiera tan solo,*
*sentir eso siempre,*
*cada instante de la vida,*
*podría disfrutar*
*de la plenitud más bella,*
*querida mía.*

*Contigo todo es posible.*

**198.**

*Sigo creyendo, que la vida nos tejió*
*exactamente iguales,*
*nos hizo de la misma medida*
*a propósito,*
*como aquel que crea dos espejos,*
*dos sonidos igual de melifluos.*
*Dos corazones,*
*dos vidas en una.*

*Siento que el cristal*
*de tu alma nació unido al mío,*
*en la condensación rosada*
*del sentimiento*
*divino.*

*Cuando vivías en el vientre*
*materno, elegías, sin saber*
*todo lo que ibas a vivir.*
*Incluso ya de antes lo habías pedido.*
*Pero allí, en lo profundo,*
*ya sabías que vendrías a mí*
*y que yo estaría contigo.*

*Cuán feliz*
*se puede llegar a ser,*
*con el amor, con tu presencia.*
*¿Cuán feliz se puede ser?*
*Ahora que estás tú,*
*sólo me cabe pensar que*
*es infinito.*

**199.**

*Cuando me hablas,*
*la delicadeza de tu voz,*
*recorre cada parte de mi cuerpo.*
*Eres la dulzura en ese aspecto,*
*en todos, de hecho.*

*Ese sonido,*
*dulce, delicado y tranquilo*
*que recorre cada parte de tu tono,*
*me ha hecho ver y sentir,*
*que eres el amor que quiero conmigo.*

**200.**

*Es increíble cuánto se puede llegar a amar*
*conociendo tan poco.*
*Cuando las almas se conocen a través del tiempo*
*y se reencuentran,*
*surge la magia en los ojos.*
*Brillan y, ese calor que sube por el pecho,*
*te dice que, a lo mejor, de lo que bello que es*
*puede ser irreal.*
*Pero no,*
*es verdadero*
*y es la dicha absoluta.*

**201.**

*Despliega tus alas y vuela,*
*elévate firme y segura.*
*Avanza lejos, por el horizonte.*
*Ve aún más allá.*

*Donde el corazón te pide avanzar.*

*Conoce más mundo, conoce más vida.*
*Te amo experta. Te amo viva.*
*Te amo como eres ahora mismo, mi querida.*

*Y aunque tropieces con mil piedras*
*o catorce mil muros de catorce mil*
*esquinas, se crucen en tu camino,*
*ahí estará mi alma tendida*
*para ayudarte, para ser tu guía,*
*y que tú seas la mía,*
*mientras experimentamos*
*piel con piel, alma con alma,*
*esperanza con esperanza,*
*lo que es la vida.*

*Te amo más allá de lo imaginable,*
*te amo más allá de lo descriptible,*
*te amo en las estrellas,*
*te amo aquí en la tierra, querida mía.*

*Y hoy, quiero que sepas,*
*que descansa aquí en mi interior,*
*una parte de ti, de tus anhelos,*

*de tu añoro.*
*Una parte de tu alma*
*ya está dentro de mí,*

*Y se sumerge en un mar de amor y calma,*
*donde solo existimos los dos,*
*donde solo es, el amor.*

*Allí donde yo te amo*
*y donde tú me amas*
*solo cabe sitio para la sensación*
*de sentir que todo es bello,*
*que todo es pasión*

*Para cuando siento,*
*que a través de tu mirada,*
*al fin estoy yo.*

*Te amo, mi dulce ángel*
*de noble y sabio corazón.*

*Eres mi gran amor.*

**202.**

*Te esperaba desde el principio del tiempo.*
*Nacimos para estar unidos,*
*y lo seguimos estando de hecho.*
*Esa conexión dorada y carmesí*
*que Dios dispuso para*
*que fuésemos felices.*
*Cuando el mismo amor*
*me enseñó la perfección que eres,*
*y que soy cuando estás tú,*
*Me dicen que, tras tu cabello, tras tu rostro,*
*sólo habita un océano infinito*
*de enamoramiento*
*que puedo sentir por ti.*

*Si soy capaz de amar más,*
*será sin duda alguna para ti.*
*porque tú eres la reina de mis sueños,*
*y de mis despertares, mi querida*
*felicidad viviente.*

**203.**

*Porque tú eres lo sublime,*
*lo que deseo tener abrazado*
*cada instante.*
*Te protegeré, de cualquier sentimiento de dolor*
*y de odio, de cualquier rencor hacia la vida,*
*de cualquier deseo de ir al abismo.*
*Lo cambiaremos por anhelos de volar,*
*de existir en lo etéreo y en lo físico.*

*Siempre te he amado con problemas,*
*después de todo eres mi querida*
*y eres parte de Dios,*
*como yo soy parte de ti.*
*Desde el alma, y de por vida.*

*Lo que tú llamas problema o malo en ti*
*son formas en que te veo incluso más perfecta.*

**204.**
*Apareces en mi vida, y me llenas con
el milagro de tu presencia.*

*Apareces en mi camino, con esperanza,
juventud, amor, con sueños,
y me recuperas, me das tu amor,
como un regalo a la sagrada forma
que eres para mí.*

*Como la vendimia, como aquel
instante de florecimiento.
Floreces en mí.*

*Y sigues rompiendo el tiempo,
me sigues haciendo feliz.
Cuando apareciste y ese fulgor
puro de tus ojos
cubrió los míos,
sentí el amor más intenso.*

*Cómo puedo describir
pues, un humano
o escritor,
la poesía delicada que conformas
solo con existir.*

*Cómo podría yo,
una persona, nacido en tierra
con madre y padre humano,
descubrir o describir*

*tal misterio*
*que esconde tu amorosa*
*y profunda mirada.*

*Cómo podría*
*describir lo que siento por ti*
*si es todo*
*lo que una persona*
*puede sentir por su amor más querido.*

*Cómo podría yo osar*
*a describirte en un poema,*
*si necesito millones de ellos*
*para hablar*
*sobre una de las millones*
*de cosas buenas*
*que conforman*
*el espectro de la capa más fina*
*de tu alma, amor querido.*

*Cómo podría yo*
*osar a intentar describirte,*
*sólo puedo*
*decirte que te quiero, que te amo*
*y que tu luz,*
*ya es para mí,*
*lo más querido.*

**205.**

*Cuando te siento,*
*sigo conociendo cosas nuevas cada día,*
*sigo creyendo que he terminado,*
*pero apenas estoy empezando*
*a vislumbrar la orilla*
*de tu paraíso espiritual.*

*Eres infinita,*
*infinitamente bella*
*e infinitamente*
*compleja.*

*Perfecta, tan sólo*
*Así puedo describirte.*

**206.**

*Ardes dentro de mí.*

**207.**
*Tus consejos son ideales*
*porque piensas en ti*
*y en mí.*
*Tus palabras*
*son absoluta certeza,*
*porque sientes los dos corazones*
*al hablar.*

*Tus pensamientos*
*son brillo y liberación*
*porque piensas con la claridad,*
*desde tus sentimientos puros.*

*Tu alma es fulgor*
*pues siempre refulges*
*como diosa libre.*

*Tu corazón*
*es la alegría absoluta,*
*desconozco incluso*
*por qué me haces tan feliz.*

*Tienes tanto por lo que vivir*
*y yo tanto que vivir contigo,*
*que apenas puedo parar a sentir el aliento*
*al estar desconectado de ti.*

*Eres el amor*
*que todo amor*
*soñaría tener consigo.*

*Con tu elevación, tu aprendizaje*
*sabes tanto con tu tiempo vivido*
*en este mundo,*
*que me llena de honor,*
*compartir este tiempo de luz contigo.*

*Bendita seas.*

**208.**
*Suéltate y confía en mí*
*permite que entre en ti,*
*que te haga sentir esperanza.*
*Déjame ser tu sueño feliz,*
*esta única vez.*

*Al menos,*
*con la luna, la bóveda celeste,*
*como juramento de amor*
*eterno,*
*permíteme decir,*
*que pertenezco completamente a ti,*
*y que mis ojos son tus ojos.*

*Mis anhelos son tus anhelos,*
*y tus anhelos los míos.*

*Adoro todo cuando ha salido de ti,*

*el fruto de tus cielos*
*de tu poder creador.*
*Dadora de vida,*
*ángel celestial.*

*Estoy aquí para ti*
*y para lo que tú quieras.*
*Hoy, y toda la vida.*
*Mi querida.*

**209.**
*Así es la dulzura del amor,*
*tan tierna y cariñosa como tu ser,*
*tan espejismo de tu alma*
*como lo eres tú para la mía.*
*Ese corazón sabio,*
*lleno de ligereza, astucia*
*y sobre todo, de precisión,*
*me habla que aún hay mucho que debes vivir,*
*así como lo he vivido yo.*

*Haremos que este mundo,*
*siga siendo un lugar bello,*
*y desde nuestra unión*
*que ese amor se expanda a todas partes*
*como una ola de creación de luz.*

**210.**

*Eres el amor de mi vida.*


**211.**

*Como huracán de amor en mi piel,*
*me transportas a un mundo eterno*
*donde solo existe el amor, el placer,*
*la eterna juventud y el júbilo del presente.*
*Donde solo existe tu alma, tu bello ser.*


*Y en la danza sagrada que hay*
*cuando conectas conmigo*
*y yo contigo,*
*no temo al futuro, al pasado o*
*a lo que me rodea.*


*Estar contigo ya es todo en sí mismo,*
*Es el constante latido del tiempo*
*sangrando, renaciendo.*


*El tiempo viene y va,*
*la gente viene y alguna se queda,*
*pero tú eres eterna.*
*Porque tú eres sagrada,*

*Porque tú eres más bella que las flores*
*y la incertidumbre de una sorpresa.*

*Porque eres la delicada fórmula*
*absoluta de tu*
*sublime belleza.*


**212.**
*Tu presencia,*
*como fuego vivo de amor,*
*se eleva por las nubes*
*y me transmite la gloria,*
*la libertad de ser amado.*

*Cuando admiro el color*
*de tu mirada,*
*y siento el secreto*
*oculto tras ese diamantino amor*
*colmado de la celestialidad*
*que eres en mí,*
*siento la libertad*
*y la luz.*

*Tú me haces sonreír,*
*tú me das la pasión*
*por el mundo.*
*Porque, querida*
*y brillante esfera de luz,*
*tú eres la pasión en sí.*

**213.**

*Mientras más te conozco,*
*sigo admirando*
*y viendo secretos,*
*maravillosos secretos.*
*Eres la esencia sagrada,*
*que rompe cualquier opaco en mi alma*
*y amanece dentro de mí.*

*Tú eres el calmante,*
*el espíritu,*
*la vitalidad que ha tomado forma.*

*Llevo desde siempre unido a ti,*
*y no existe*
*algo en el universo,*
*que pueda ser alguna vez*
*más hermoso que eso.*

**214.**

*Mis ojos se pierden
en la insondable belleza
de tu mirada.*

*Admirando cada zona, cada parte
de tu absoluta figura.
Trascendental.
Y ardes, ardes de amor,
y me haces arder en el corazón.
Tus límites no existen,
tan sólo te limitas
a ser la mejor.*

*En el crepúsculo de tu mirada
observo una figura sagrada,
un interior, capaz de dar vida,
capaz de dar amor,
a cualquier corazón.
Te amo.*

**215.**

*Admiro la belleza de tus ojos y*
*Nado en el perfume*
*Dulce que es tu fragancia.*
*Realmente eres un ser maravilloso,*
*Estoy pleno de amor por ti.*
*Admiro este amor que me haces sentir.*

*Eres luz, eres pura,*
*Resplandeces con locura.*
*Eres, todo cuando adoro en un ser vivo.*
*Siento que eres la mejor.*

*Un alma inefable, divina,*
*Nacida para ser amor.*

*Ámate y,*
*No lo olvides,*
*Guarda siempre espacio para ti.*
*En este sendero debes vivir por ti.*
*La vida es para que la sientas.*

*Estoy seguro que*
*Nunca veré algo más radiante que tú.*

*Mientras admiro el cielo,*
*Imagino lo mucho que te ama Dios.*

*Vivo para alegrarte,*
*Inclino mi cabeza al creador*
*Dando las gracias por el presente de*
*Admirar, su más preciada obra.*

*Eres el sol*
*Refulges como tal.*
*Eres las constelaciones, lo vivo.*
*Siento que brillas con luz propia.*

*Estás conectada con mi alma,*
*Lúcida, con hilos divinos.*

*Aunque pasaran mil años*
*Los sentimientos sólo crecerían.*
*Más y más amor*
*Absolutamente, lo único que mereces.*

*Mientras más pasa el tiempo*
*Aumenta esta conexión*
*Siento en ti, la infinita elevación*

*Hoy, te deseo un día precioso*
*Escribiendo esta carta desde mi amor*
*Recordándote que eres lo más dulce*
*Más que nada en el universo.*
*Olvida todo lo distinto a que eres un*
*Ser perfecto.*
*Ahora, y siempre lo has sido.*

*Desde lo más profundo de mi corazón*
*Espero que seas siempre la mejor.*
*La mejor de todos los tiempos.*

*Un mundo mágico*
*Nace ahora en tu camino,*
*Imagina cuán bello será,*
*Vívelo, disfrútalo,*
*Es tuyo, querida,*
*Realmente lo es.*
*Si lo piensas, si lo notas, mi dulce ángel,*
*Olvida todo, excepto que eres la perfección.*

**216.**
*El que se ama a sí mismo*
*es libre.*

# Nota del autor

Agradezco de corazón tu lectura.
La primera parte, el cielo, habla y expresa la unión y conexión con todo lo que conozco como Dios a nivel energético o emocional. Es lo que más se parecería a cartas que expresan, un sentimiento de dicha por sentir la unión con el amor del creador.
A veces, hay sentimientos casi imposibles de expresar, pero, puede que algún día sea posible, en otro escrito.
La segunda parte, la tierra, es la conexión de esos sentimientos, reflejados aquí en el mundo como seres humanos.
Cuando nacemos y vamos viviendo la vida, comenzamos a sentir que hay cosas, que parecen no encajar en nuestra forma de ser. Emociones, tristezas, anhelos, alegrías e, incluso, una profunda confusión. Con el tiempo somos más conscientes que todo aquello es una necesidad profunda de soltarnos y aprender a ser auténticos, a ser personas reales y libres. Esta segunda parte especifica esas sensaciones, el proceso de autoconocimiento.
La tercera parte, el camino, es el sentimiento que viene después de conocernos, lo que corresponde, a amar alguien de forma saludable, donde podemos querer y ser queridos. Aunque lo he representado de forma femenina, se puede asociar tanto a hombres como a mujeres. El amor, en todos los sentidos, es completamente libre.

Deseo de corazón que lo disfrutes y, cuando así lo requieras, abras alguna de sus páginas para que conectes con él.

Gracias por haberme acompañado en esta senda. Si este libro está en tus manos ahora mismo, deseo que te llene tanto, como lo hace conmigo en este momento, mientras lo escribo.

Que la vida te haga feliz siempre.

# Índice

www.ingramcontent.com/pod-product-compliance
Lightning Source LLC
LaVergne TN
LVHW020325200726
843507LV00012B/2243